AN ARABIC VERSION

OF

THE ACTS OF THE APOSTLES

AND THE

SEVEN CATHOLIC EPISTLES

ACTS XIX. 19²—29².
(From a Photograph by Mrs Gibson.)

STUDIA SINAITICA No. VII.

AN ARABIC VERSION

OF

THE ACTS OF THE APOSTLES

AND THE

SEVEN CATHOLIC EPISTLES

FROM AN EIGHTH OR NINTH CENTURY MS. IN THE CONVENT
OF ST CATHARINE ON MOUNT SINAI

WITH A TREATISE

ON THE TRIUNE NATURE OF GOD

WITH TRANSLATION, FROM THE SAME CODEX

EDITED BY

MARGARET DUNLOP GIBSON, M.R.A.S.

WIPF & STOCK · Eugene, Oregon

Wipf and Stock Publishers
199 W 8th Ave, Suite 3
Eugene, OR 97401

Studia Sinaitica No. VII
An Arabic Version of the Acts of the Apostles and the Seven Catholic Epistles
from an Eighth or Ninth Century Ms. in the Convent of St Catharine on Mount Sinai
with a Treatise on the Nature of God and a Translation from the Same Codex
By Gibson, Margaret Dunlop
Copyright © 1899 by Gibson, Margaret Dunlop All rights reserved.
Softcover ISBN-13: 979-8-3852-3822-4
Hardcover ISBN-13: 979-8-3852-3823-1
eBook ISBN-13: 979-8-3852-3824-8
Publication date 11/5/2024
Previously published by C. J. Clay and Sons, 1899

This edition is a scanned facsimile of the original edition published in 1899.

INTRODUCTION.

THE Manuscript from which I have edited this text of the Acts of the Apostles and the seven Catholic Epistles as well as the theological treatise which follows them, is numbered 154 in my Catalogue of the Arabic MSS. in the Convent of Saint Catharine on Mount Sinai (*Studia Sinaitica*, No III.). It was among the first dozen books which in 1893 the monks, in obedience to the directions of their Archbishop, brought to me out of a little closet at the foot of the staircase leading to the room then assigned for our work[1]. I had already affixed a label to this volume, Πράξεις τῶν Ἀποστόλων καὶ αἱ καθολικαὶ Ἐπιστολαί, and was busy receiving the second instalment of books, when the late lamented Professor Bensly examined this one. He became greatly interested in its style and appearance, and with the permission of the Librarian, Father Galakteon, he carried it to his tent, and gave it to Mrs Burkitt. She made a transcription of the "Antilegomena," (II. Peter, II. and III. John, Jude,) and also, I believe, of a portion of the Acts. My sister, Mrs Lewis, photographed all the pages containing the Catholic Epistles, but only with partial success, as our dragoman flashed a magnesium light round our tent while we were changing the rolls, and spoilt the results of a whole morning's work. These photographs were amongst the films thus damaged, and though portions of them were legible, Mrs Burkitt did not think they would be of any use to her.

On my third visit to the Convent, in 1895, I was convinced, (all the

---

[1] This room has since been improved by two rooms being thrown into it, and the whole has been furnished with shelves, on which the MSS. are arranged according to their numbers, old boxes and baskets being completely abolished.

Arabic books having passed through my hands in 1893,) that this was the most ancient specimen of Arabic calligraphy to be found in the library, and I therefore photographed all the Biblical part of the volume. I also transcribed the pages which had become indistinct from pressure against the opposite ones, and from which I could not therefore obtain anything legible by means of the camera. After my return home, I copied the distinct pages from my photographs, which this time were very successful. On a fourth visit to the Convent, in 1897, I carefully revised my transcription with the MS., and also photographed the remainder of the volume, so that I got its contents complete excepting a few pages at the end Mrs Burkitt put her transcription of the Antilegomena into the hands of Dr Merx, who edited it in the *Zeitschrift fur Assyriologie* for December 1897, adding copious notes in the same magazine for April and September, 1898.

It will doubtless be observed that in a few cases my reading of certain words differs from that of Mrs Burkitt and Dr Merx. I should hesitate to place my own judgment in opposition to that of so distinguished a scholar as Dr Merx, were it not corroborated in nearly every case by the evidence of my photographs.

The Manuscript is on vellum, and measures 18 centimetres by $12\frac{1}{2}$. It is in quires of eight leaves each, but as a number of pages are missing at the beginning as well as at the end, there are only two leaves in the first existing quire. In its present state it has 142 leaves. It is divided into three portions.

1. The Biblical text, written, according to its colophon, by Moses the Monk, consisting of the Acts of the Apostles, from Chapter vii. *v.* 37 to the end of the seven Catholic Epistles.

2. A short story, which I have called صلاة الراهب, and four aphorisms.

3. A theological treatise on the Triune Nature of God, which I have called فى تثليث الله الواحد. It must not be supposed that these titles are in the manuscript.

In 1, the Biblical section, the writing is above the line. I counted 20 lines on most pages, but the number varies a little.

INTRODUCTION.

The quires are numbered in letters of the Greek alphabet, including ϝ. As the MS. is imperfect at the beginning, commencing with Acts vii. 37, and six leaves are likewise lost from the first existing quire, γ comes on f. 1 a and on f. 2 b. The rest go on regularly on quires of eight leaves, except quire ιδ, which contains only six. The last number in the Biblical section is ιϝ on f. 97 a.

A fresh numbering commences at the beginning of the Treatise on f. 102 a, where an α can be seen at the foot of the page and also on f. 109 b. β is visible on f. 117 b, then come γ, δ, ε, at intervals, shewing quires of eight leaves each. This distinctly proves the Treatise to be a different MS. from all that precedes it.

The style of calligraphy is very archaic, nearly approaching Kufic. The upper limb of ك is so short that it is easily mistaken for ص. As د and ذ have also a short upper limb, a confusion of ك or ص with one of these letters is also possible, if the reader does not observe their connection with the letters following them. Final ن is sometimes uncommonly like ر, but ه is always boldly and clearly written. و does not descend below the line, and ة never receives its dots.

Punctuation all through the Acts and Epistles as well as the short story and aphorisms which follow them is carried on by means of the little double comma, which our printers have successfully reproduced Full stops are like large stars, and are very sparingly used. I have made few changes in editing, the principal ones being to substitute *Alif Maksoureh* for *Alif* where that is the modern usage, and to supply final ة with dots to distinguish it from the pronominal suffix. The grammar is very faulty, as is usual in Christian Arabic. The indicative is constantly used for the subjunctive, and forms like انبياه, اصفياه are often substituted for انبيايه, اصفيايه. Yet this latter does not always take place, and I have thought it better to print these words as they stand in each place, rather than to load my pages with foot-notes.

The translation is, as is to be expected from an Arab, somewhat free, but I have not noticed any theological or ecclesiastical bias, unless it be the rendering of πρεσβύτεροι by the word كهنة = *sacerdotes*, instead of

قسيسين or شيوخ = *presbyteri, seniores*. In the notes, I have endeavoured, by giving the variants in Greek, to represent the translation exactly as it is, rather than to single out variations having a manifest critical bearing, with the chance of overlooking others that might appear insignificant, and yet turn out to be important.

The text of the Acts is not interrupted by any rubrics or divisions into lessons, nor is that of the Epistles, except by the initial rubric and colophon of each Epistle. The latter follow one another in the usual order of Greek MSS., no sign of distinction being made between them, proving that the four "Antilegomena" were accepted as Canonical Scriptures by early Arab Christians, perhaps also by some Syriac church using the originals of this translation. I am not dependent on my own opinion in this matter. Dr Gwynn, of Trinity College, Dublin, came to the conclusion, from a perusal of Mrs Burkitt's transcriptions, that this text of the Acts and that of the three larger Epistles is a translation of the Peshitta Syriac, and that of the four smaller ones, or "Antilegomena," of the unrevised Philoxenian, similar to Pococke's version. He has written so ably on the importance of the latter in his two papers in the *Transactions of the Royal Irish Academy*, Vol. XXVII., and still more so in *Hermathena* 1890, that I need only refer the reader to these publications.

The short story and the aphorisms which follow the Epistle of Jude are not in the same handwriting as that of the Scriptural portion of the codex, although the punctuation is similar.

The theological Treatise is again in a different hand from all that precedes it. The writing is not always above the line. The letters are not so much spread out as in the Acts and Epistles, the lines are longer, and there are 22 lines on the page. At folio 111 b the lines are reduced to 21, and at f. 134 a to 20. On f 126 a a notable change takes place. From henceforth there are much fewer words in each line, as if the scribe had found out at this point that his matter would not cover the ground of his vellum leaves at the rate of distribution adopted hitherto, and the punctuation which since the beginning of the treatise had been carried on by means of colons and little lozenges, now reverts to the double comma that is used in the Biblical part of the codex. The writing, however, is not quite so archaic as that of Moses the Monk. In the more crowded portion of this treatise, final ج, ح and خ are peculiar. They are deprived of the long tail to which they are entitled, and in its stead they have curious little appendages resembling the ز in many a later MS. The treatise is evidently the work of a Christian who is defending his religion against Moslems, and seeking to recommend it. The fact that it must have been composed after the Hegira has little bearing on the antiquity of the Biblical text with which it is bound up. The writer's explanations of the Trinity are ingenious and interesting, but his quotations from the Bible and the Coran are more eclectic than accurate. He makes a few artless historical mistakes Micah the Morashtite is confounded with the Micaiah of 2 Chronicles xviii., though there must have been about 150 years between them. I can find no Scriptural authority for the statement that Jehoram slew the latter; it is so said, however, by Pseudo-Epiphanius, and also in the Chronicon Paschale. Zacharia, father of John the Baptist, is evidently supposed to be identical with the Old Testament prophet; and Amoz, the father of Isaiah, is identified with Amos the herdsman of Tekoa Our author did not live in an age of critics, either higher or lower, and had not much to guide or misguide him. I regret that I have not succeeded in getting the conclusion of his treatise or at least all of it that is in the MS.

A comparison of the fac-similes given in this book with Plates XIX. and XCV. of those published by the Palæographical Society will, I think, lead to the conviction that these writings cannot be later than the 9th century, and that the Biblical one may even be a little earlier.

I have to thank my sister, Mrs Lewis, for her assistance in revising my proofs.

M. D G

CASTLE-BRAE, CAMBRIDGE,
Feb. 1899.

CONTENTS.

	PAGE
The Acts of the Apostles, from chapter vii. *v.* 37 to end	١
Epistle of James	٤٥
I Peter	٥١
II Peter	٥٨
I John	٦٢
II John	٦٨
III John	٦٩
Jude	٧٠
صلاة الراهب	٧٢
اقوال	٧٣
فى تثليث الله الواحد	٧٤

TRANSLATIONS

The Monk's Prayer	1
Sayings	1
On the Triune Nature of God	2

APPENDIX

Variants	37
List of unusual words	59
Corrigenda	61

THE MONK'S PRAYER.

A MONK had a friend, a lay brother. The monk was once sick, and he said to the layman, "Pray, brother, to God, and ask Him to heal me." He prayed, and the monk recovered. After that the layman grew sick, and he said to the monk, "Pray, father, to God, and ask Him to heal me." The monk prayed, but the other did not recover; and the layman said to him, "O father, know that this thing puzzles me. When thou wast sick, I prayed to God for thee, and He answered me, and thou didst recover; but now thou hast prayed for me, and thou art not answered." The monk said to him, "O my son, when I asked thee to pray for me, I believed that thy prayer would be answered; but thou didst ask me to pray for thee, and thou didst not believe that my prayer would be answered. According to what thou art it has happened to thee."

Some one said to one of the old fathers, "From whence comes to me a longing for women?" The old man said to him, "From thy much sleep and over-eating." f 101 a

One of the old fathers said, "Think of thy work continually, and exercise thy soul in praise, and prayer, and in love to thy Lord, before others exercise it in evil and wicked care."

One of the old fathers said, "As fire burneth wood, so the fear of God burneth violence and passions."

One of the old fathers said, "The mirror of piety is prayer, and her crown is humility." To God be the praise and the victory. Amen.

ON THE TRIUNE NATURE OF GOD.

f. 102 a   IN the name of the Father, and of the Son, and of the Holy Ghost, one God. O God, we rejoice in Thy mercy in truth and right. Praise be to God before whom nothing was, and who was before everything, after whom there is nothing, and He is the heir of all things, and to Him all things return, who by His knowledge kept the knowledge of all things, and nothing but His work is sufficient for this, in whose knowledge is the end of all things, and He counts everything by His knowledge. We ask Thee, O God, by Thy mercy and Thy power to put us among those who know Thy truth and follow Thy will and [fear] Thy wrath and adore Thy excellent names in Thy sublime attributes. Thou art the compassionate, the merciful; seated upon the throne Thou art worthy; Thou art higher than the creatures and Thou fillest all things. Thou doest good and art not done good to; Thou judgest and art not judged; Thou art rich towards us and we are poor towards Thee. Thou art near to those who approach Thee; Thou answerest those who call on Thee and implore Thee. Thou, O God, art Lord of all things, God of all things, Creator of all things. Open our mouths, loosen our tongues, soften our hearts, and open our breasts to the praise of Thy noble and high and great and blessed and holy name. Verily there is no god before Thee, and no god after Thee   To Thee [shall we] return; Thou art the Almighty. To Thee be the praise, O God, Creator of the

f 102 b   heavens and the earth, and of all that is therein by Thy Word and Thy Spirit. To Thee be the praise, O God, who dwellest in light, Creator of the angels and the spirit that they may adore Thy name, Thy holy name; for the message of Thy name and for the authority of Thy power, and they do not weary of Thy majesty and Thy holiness, saying, Holy, holy, holy is the mighty Lord, who filleth the heavens and the earth with His honour. Verily they adore Thee, and set their seal to one Lord,

NATURE OF GOD.

that men may know that the angels adore God and His Word and His Spirit, one God and one Lord. We worship Thee, our Lord and our God, in Thy Word and Thy Spirit. Thou, O God, by Thy Word hast created the heavens and the earth and all that is therein, and by the Holy Spirit Thou causest to live the hosts of angels; we praise Thee, O God, and we adore Thee and we glorify Thee in Thy creative Word and Thy holy life-giving Spirit, one God and one Lord and one Creator. We do not distinguish God from His Word and His Spirit. We worship no other god with God in His Word and His Spirit. God shewed His power and His light in the Law and the Prophets and the Psalms and the Gospel, that God and His Word and His Spirit are one God and one Lord. We will shew this, if God will, in these books which have come down to him who wishes intuition and perceives things and knows the truth and opens f 103 a his breast to believe in God and His Scriptures, as the Christ said in the Gospel, "Search the Scriptures, and verily ye shall find eternal life in them." And He said also, "To him that asks shall be given, and he that seeks shall find, and to him that seeks an opening it shall be opened." It is written also in the beginning of the Law, which God sent down to His prophet Moses on Mount Sinai, "In the beginning God created the heavens and the earth." Then he said, "The Spirit of God was upon the waters." Then He said, by His Word, "Let there be light"; and there was light. Then He said, "Let there be a firmament," and there was a firmament, which is the lower heaven. Then He said, "Let the earth bring forth the grass and the green herb and the tree with fruit and other things, and let the earth bring forth the living soul of wild beasts, and cattle, and lions, and creeping things," and it was so. Then He said, "Let the waters bring forth every creeping thing that hath life, and every fowl that flieth in the heavens of their kind and sex," and it was so. Then He said, "Let us create man after our own image and likeness." So God shewed in the beginning of the book which He sent down to His prophet Moses, that God and His Word and His Spirit are one God, and that God, may He

be blessed and exalted! created all things, and gave life to all things by His Word and His Spirit. We do not say three Gods...God: but we say that God and His Word and His Spirit
f. 103 b are one God and one Creator. This is like the disc of the Sun which is in the heaven, and the rays which issue from the Sun, and the heat which comes from the Sun, each from the other. We do not say that these are three suns, but one Sun, and these are three names not to be distinguished from one another. Also like the eye, and the pupil of the eye, and the light which is in the eye; we do not say that there are three eyes, but one Eye with three names in it. Also like the soul and the body and the spirit; we do not distinguish them each from the other; we do not say there are three men but one Man and three names in one person. Also like the root of the tree, and the branches of the tree, and the fruit of the tree; we do not say that these are three trees, but one Tree, one part of it from another part. And when it begins to appear to men in its season, we know that all this is in the tree when it appears and before it appears. Also like the fountain of water, which springs up from the fountain and flows from it a river, and some of the water of the river collects and becomes a lake. You cannot distinguish one part from another; and though its names are different, we do not say that it is three waters but one Water in the fountain and the
f 104 a river and the lake. Man and his mind and the word which is born from his mind, one from the other, and the spirit which is in the mind, and the word from the mind, one from the other; we do not distinguish between them, and each of them has its beginning from the other and is known from it. Also like the mouth and the tongue which is in the mouth, and the word which issues from the tongue; so is our saying about the Father and the Son and the Holy Ghost. By it the prophets prophesied, and said, "The mouth of the Lord hath spoken." This all is the proof of our faith in the Father and the Son and the Holy Ghost. We know God to be one Lord in His Word and His Spirit. And in Him we adore and praise the Word of God and His Spirit. Thus man ought to believe about it. Yet we ought to

know that we understand nothing about the power of God nor His majesty by speech nor by figures nor by word, but by faith and piety and the fear of God and purity of spirit. If there be any man who hopes to understand anything of the majesty of God, let him seek the protection of Him whom he can never understand, and every one who thinks he will tell the exact power of God. Verily He is able to stretch the water of the ocean in the hollow of His hand, and verily God, may His name be blessed, and His fame be exalted! is more glorious in power, and greater...than that minds or eyes can understand Him; He understands and is not understood; and thus...is due to the High God and His Word and His Spirit. Verily everything f. 104 b relating to God is very wonderful.

We do not say that God begat His Word as any man begets; God forbid! but we say that the Father begat His Word as the Sun begets rays, and as the mind begets the word, and as the fire begets heat; none of these things existed before what was begotten of them. God, may His name be blessed! never existed without Word and Spirit, but God was ever in His Word and His Spirit; His Word and His Spirit were with God and in God before He made the creatures. We do not say how this is. Verily everything relating to God is majesty and might. As no man can understand anything of God, neither can he understand the Word of God and His Spirit. Thus God said in the Law, "Let us create man in our image and likeness." God, may His name be blessed! did not say "I create man," but said "We create man," that man may know that God by His Word and His Spirit created all things, and gave life to all things. He is the wise Creator. You will find it also in the Coran, that "We created man in misery, and we have opened the gates of Heaven with water pouring down, and have said, And now are ye come unto us alone, as we created you at first." He said also, "Believe in f. 105 a God, and in His Word; and also in the Holy Ghost, but the Holy Ghost has brought it down a mercy and a guidance from thy Lord," but why should I prove it from this and enlighten [you] when we find in the Law and the Prophets and the

Psalms and the Gospel? and you find it in the Coran? that God and His Word and His Spirit are one God and one Lord? Ye have said that ye believe in God and His Word and the Holy Ghost, so do not reproach us, O men! that we believe in God and His Word and His Spirit: and we worship God in His Word and His Spirit, one God and one Lord and one Creator. God has shewn also in all the Scriptures, that the thing is so in guidance and true judgment. Who contradicts this and nothing else? In the Gospel also it is written, when the Christ was baptized in the holy river of Jordan, that the Father bare witness from Heaven, saying, "This is My beloved Son, in whom I am well pleased, hear ye Him," and the Holy Ghost came down from Heaven and abode upon Him, that men might know that God and His Word and His Spirit are one God and one Lord among the first and the last. And say not that God is removed from His place, or that there is of Him one thing without another: God forbid! but we say that God is all complete in Heaven, and all complete in the Christ, and all complete in every place. Seest thou not the Sun which God created,...and
f. 105 b light to the people of the world? that it is in heaven, and in the wadys and the mountains and on the hillsides and the seas, it is not divided and it is not removed from place to place, but wherever it wills it exists as it wills; it fills all things with its majesty and its might and there is nothing more glorious than it. Thus also David the prophet prophesied about the baptism of the Christ, saying, "The voice of the Lord is upon the waters, the God of glory thundereth, God is upon many waters." What do I prove from this prophecy about the baptism of the Christ? That the Father bare witness from Heaven, and the Son was on the water, and the Holy Ghost came down upon Him, and this is all one God and one might. This then is our faith and our testimony in God and His Word and His Spirit. He is the Father and the Son and the Holy Ghost, one God and one Lord; but in the Christ He saved and delivered men. We will shew this also if God wills, how God sent His Word and His light as mercy and guidance to men and was gracious

to them in Him. There came down to Adam and his race from Heaven no Saviour from Satan and his darkness and his error. For God, may His name be blessed and sanctified and exalted! created of His bounty and His great mercy the heavens and the earth and all that is therein in six days, and created Adam of dust, and breathed into him the breath of life, and Adam became a living soul. Then He made him to dwell in f. 106 a the garden, and created his wife for him out of his rib. He commanded them to eat of every tree in the garden; but of the tree of good and evil they should not eat, for verily in the day that they should eat thereof they should surely die. And Satan envied them and wished to put them out from the honour of God, and he came to Eve the wife of Adam and said to her, "Thus hath God said, Eat not of the tree of knowledge, for He knoweth that when ye eat of it ye shall become gods like Him." And Satan made himself fair to them and deceived them, and Eve ate of it and gave her husband to eat; and they were naked and became aware of their nakedness, and covered themselves with fig-leaves. God drove them out of the garden, and they lived over against it. God made a wall of fire to the garden, and Adam inherited disobedience and sin and death. This ran on in the race of Adam; no man, prophet or other person was able to save the race of Adam from disobedience and sin and death. Between Adam and Noah there were ten fathers, and this was a thousand two hundred and seventy years. They did not remember God nor serve Him until Noah, and who among them loved God or obeyed Him? and Noah warned and called them to God, and they mocked him; they opposed f. 106 b him; then God brought the Flood on the sons of Adam and on all beasts in the time of Noah, and drowned all the people of the world, and saved Noah and his household, eight persons, in the ship which God commanded him to make. There was with him in the ship of every beast and bird as God commanded him. Then after a year God brought out Noah and his household from the ship, and the earth was inhabited by his sons and his household. He offered an offering to God and God accepted that offering. Then there were between Noah and Abraham

the good, whom God chose for his obedience, ten fathers, and that is a thousand and two hundred years. And men served the Devil instead of God, and went after things that were forbidden and were in rebellion against God, except the saints of God, and there were few of these in their time to warn them and call them to God. Some of them met with grievous trial and open enmity from their neighbours and jealousy from men. Then between Abraham and Moses, the Prophet of God, there were four hundred and [thirty] years. Men became worse than they had ever been, wickeder in deed and uglier in look. Evil was
f 107 a wrought among men, the work of wicked Satan appeared among them. The people of Sodom, among whom Lot, the son of Abraham's brother, dwelt, wrought the lewd and wicked and ugly deed, so God destroyed them by a rain of fire and naphtha, and not one of them was saved; and God delivered Lot and his daughters from destruction. Verily God is with those who fear Him and do right.

Then Israel and his sons went into Egypt, and they were seventy-five souls, men and women and boys God multiplied and increased them till they became 600,000 and more. There arose over Egypt another Pharaoh who knew not Joseph. He separated them and brought them heavy work, and he wished to destroy the children of Israel. He made himself a god and caused them to work at heavy building, made them toil to the utmost and killed their sons. But God saved Moses, and Pharaoh's daughter brought him up. The children of Israel implored God to save them from the toil they were in, and from the hand of Pharaoh. And God answered them and appeared to them in His mercy. And Moses fled out of Egypt, and God led him till he reached Mount Sinai, and God verily spake with him from the right side of the mountain and said to him, "The wailing of the children of Israel has come up to Me, and their toil wherewith Pharaoh and his people make them toil."
f. 107 b So God sent him to Pharaoh and strengthened him by great and mighty signs and strong power. Then God clave the Sea for the children of Israel and made them pass through the midst of it, and drowned Pharaoh and his hosts. And God was terrible in

vengeance, and God led them in the night by a pillar of fire and in the day He shaded them by the cloud. He fed them with manna and quails, and was gracious to them for forty years in the desert land. Thereupon they were disobedient to God, and committed things displeasing to the Lord. Nor did the Devil cease to reproach them till he tempted them and they worshipped the golden calf instead of God. When Moses was with God in Mount Sinai receiving the Law, God wished to destroy the children of Israel in their wicked works, and Moses entreated God and asked Him to forgive them and spare them from destruction. And God received the intercession of His servant and prophet Moses and forgave them and spared them from death. Then God said to Moses and the children of Israel, "I will raise up unto you a Prophet like unto Me; obey him in all that he shall command you. Whosoever shall not obey him, his name will I wipe out and will destroy him from the children of Israel." That Prophet was the Christ, the Word of God and His Spirit whom He sent from Heaven, a mercy and a guidance to the race of Adam and their salvation Then God shewed Moses to be His prophet. And Moses lived a hundred and twenty years. And the children of Israel returned to be f. 108 a worse than they had ever been, worshipping the Devil in every place, not remembering God, and sacrificing their sons and daughters to the Devil and his hosts, even after He had brought them into the land of Palestine, the Holy Land. God sent to them His prophets and His apostles; and multiplied prophets unto them, and they preached to them and called them to God and shewed to him (*sic*) the work of the Devil and his temptation and his error. The Devil conquered the children of Israel and all people, and made them poor and led them astray and took people for [his] servants instead of God, and turned them aside and seduced them in every wicked work. And the people hastened against God's prophets and His apostles, and their hearts were blinded that they should not understand the speech of the prophets of God. Some of them they killed; some of them they stoned; and some of them they told lies about.

The work of Satan and his error appeared in every nation and every people. They worshipped fire and images and beasts and trees, and served living things and sea-monsters and every beast of the earth. God was not content with this for His creatures. God was more merciful than the merciful amongst His creatures. He appointed One who should preside over their salvation and their redemption from the temptation of Satan and his error. When the prophets of God saw this, that the
f. 108 b children of Adam were lost, and that the Devil had conquered them, and that no man could save the race of Adam from error and destruction, the prophets and apostles of God entreated God and asked Him to come down to His creatures and His servants, and to preside in His mercy over their salvation from the error of the Devil. One of them said, "Lord, bend the heavens, and come down to us." One said, "O Thou that sittest upon the cherubim, shew Thyself to us, stir up Thy might, and come for our salvation." And one of them said, "There is no intercessor and no king, but the Lord will come and save us." Another prophesied saying, "The Lord sent His word and healed us from our toil and saved us." Another prophesied saying openly, "He shall come and not tarry." The prophet David prophesied saying, "Blessed be he that cometh in the name of the Lord, God is the Lord, and hath appeared unto us." He said also, "The Lord shall come and shall not keep silence: fire shall devour before Him, and it shall be very tempestuous round about Him." What shall I shew and make clear from this prophecy about the Christ? when the prophets prophesied and said that He is God and Lord and Saviour. It is He who came down from Heaven a Saviour to His servants. The throne is not divided, for verily God and His Word and His Spirit are on the throne, and in every place complete without diminution. The heavens and the earth and all that is therein are full of His honour. When God saw that His creatures were destroyed and that the Devil had prevailed against them, and that all nations
f. 109 b and people served him * * * * * If God, to Him be glory and power! wished to destroy Satan, (He is

NATURE OF GOD.

on the throne,) should act, for He is everywhere [and is] the Almighty, there is nothing He is not able for that He wills in the heavens or the earth, but Satan had already allured Adam and tempted him, and caused him to inherit death and disobedience and made him go out of the garden, and boasted over him and his race. The Wicked One thought that he would not cease to conquer the race of Adam and weary them, and that no one could save them from his error. It pleased God to destroy him and to trample on him by that Man whom he had tempted and sought to weaken. God destroyed him and put him beneath Him in his disobedience through what he intended. God sent from His throne His Word which is from Himself, and saved the race of Adam and clothed Himself with this weak conquered Man through Mary the good, whom God chose from the women of the ages. He was veiled in her, and by that He destroyed the Evil One, and conquered and subdued him and left him weak and contemptible. He boasts not over the race of Adam, for it was a terrible grief when God conquered him by this Man with whom He clothed Himself. If God were to destroy Satan without clothing Himself with this Man by whom He healed him, Satan would not have found grief and remorse. "Behold," said verily the Wicked One, "I have allured and tempted and sent out of the garden the Man whom God created by His hand in His image and likeness. I have snatched him from God and caused him to inherit *   *" "*   *   *
thou shalt give birth to the Christ, the Saviour of Israel." And f. 110 b
Mary said, "How shall I have a child, and a man hath not Luke i. 34 touched me?" And Gabriel said, "The Spirit of God shall come down upon thee, and the power of the Highest shall rest upon thee, and He who shall be born of thee shall be called Holy, the Son of the Highest. Thou art blessed among women." What truer witness can there be than [that] from Gabriel the Archangel, who stands beside the throne, and is sent to all evangelists and prophets from God? The Christ was born of Mary the pure by the Holy Ghost without any man touching her, God of God and Light of His Light, His Word and His

Spirit, perfect Man in soul and body without sin. Mary remained a virgin after she gave Him birth. If the Christ had not been God of God and Light Mary would not have remained a virgin after she had given Him birth; but she gave birth to the Light of God and His Word, mercy and guidance and salvation to His creatures. He saved Adam and his race from the error of Satan. He raised up Adam from his stumbling and healed his wound and repaired his affliction and mended his rupture and liberated him and his race from the hands of Satan. He put an end to his darkness and wandering and broke off our hearts from the service of the Devil. He crucified sin by His cross, and by His death killed the Death which Adam had inherited by disobedience. He brought to light the Resurrection, He raised up truth and righteousness and guidance by His mercy and His favour towards men, and towards the creatures of God. His light is among men, and shews them His majesty. He taught them to worship God and His Word and His Spirit, one God and one Lord. He taught that the Christ did not come down from Heaven for His own salvation, for verily the Word and the Spirit were with God from all eternity, and the angels adored God and His Word and His Spirit, one Lord who makes all holy, but He came down a mercy and a salvation to Adam and his race from Satan and his error. The throne is not divided with God. The God of God was in Heaven ordering things and shewing mercy to His creatures as He willed. And the Christ wrought signs, the work of a God, that men might know from His work that He is God of God and Light. Thus the Christ said to the children of Israel, "If ye believe not in Me, believe in My work which I do." The Christ created, and no one creates but God. You will find in the Coran, "And he spake and created from clay like the form of a bird, and breathed into it, and lo! it was a bird by permission of God." He forgave trespasses, and who forgives trespasses but God? He satisfied the hungry, and no one does that nor provides food but God. You will find all this about the Christ in your Book; He gave the Apostles the Holy Ghost, and gave them authority over devils and over all sickness. No one gives the Holy Ghost but God, He who breathed into Adam, and lo! he was a man with a living soul. He went up to Heaven from whence He had come down, on the angels' wings. No one can do that but God, He who came down from Heaven upon Mount Sinai and talked with Moses and gave him the Law. He is in every place, that perfect Man! nothing is awanting in Him. Then the Christ will come on the day of the Resurrection and will judge men by their deeds He will cause the righteous to inherit the kingdom of Heaven, and continual life without interruption. The Christ is Mediator between us and God; [He is] God of God and [He is] Man. Men could not have looked towards God and lived. God willed mercy to His creatures and honour to them, and the Christ was between us and God, the God of God, and a Man, the judge of men by their deeds. Thus God was veiled in a Man without sin, and shewed us mercy in the Christ, and brought us near to Him. All this the Prophets of God have said, and they spoke of the Christ before He appeared to men. We will shew all this from their sayings and their writings and their gospel in the Christ as the Holy Ghost f. 112 a inspired them at the end of this our book if God will. But we will begin by one sign which we take from the sayings of the Christ. When He said to the Apostles as He went up to Heaven from the Mount of Olives[1] and commanded them to disperse themselves in all the world and preach about the Kingdom of Heaven and repentance in His name, the Christ said to them, "I send you this day as sheep among wolves, but tarry ye in the Holy City[2] until ye are clothed with power from Heaven. I go to where I was and I will send you the Paraclete, the Holy Ghost, the Righteous One whom men cannot look on, Him who will bring Me to your remembrance and everything of which I have spoken to you. He will speak in your mouths, and ye shall be led before kings of the earth and rulers. Be not at all troubled about what ye shall speak, for the Spirit whom I shall send unto you, He shall speak in your mouths." They

[1] Cod. oil.   [2] Literally house *passim*.

tarried in Zion, that is, the Holy City[1] and the Holy Ghost whom the Christ had promised came down upon them like a rushing wind. That was on the day of Pentecost after the
f. 112 b ascension of the Christ to Heaven in ten days. All the Apostles spake with tongues of fire, to every tongue there was a nation in the world, seventy-two tongues, so the Christ kept his promise when He went up to Heaven, and He did not break His word. Who is He that can decree in Heaven, and bring his decree to pass save God, and that by His Word and His Spirit? The Christ decreed in Heaven, and decrees. He sent to the Apostles the Holy Ghost as He had promised them. If He were like Adam or like any man, prophet or otherwise, He could not decree in Heaven, nor could He go up to Heaven and remain on the earth as Adam remained, and Noah, and Abraham, and Moses and the Prophets and the Apostles, all of them. But He is the Word and the Light of God, God of God; He came down from Heaven for the salvation of Adam and his race from Satan and his error. He went up to Heaven where He had been in His honour and His dignity, and filled the hearts of the men who believed in Him with strength and the Holy Ghost that they might adore God and His Word and the Holy Ghost in Heaven and in earth. Thus the Christ taught us to say, "Our Father which art in Heaven, hallowed be
f 113 a Thy name, Thy Kingdom come; Thy will be done, as in Heaven, so in earth. Give us sufficient bread day by day; forgive us our trespasses, as we forgive whoever trespasseth against us. Lead us not into trial, O Lord, but save us from the Devil. For thine is the kingdom and the power and the glory for evermore, Amen." The Christ shewed the light of God amongst men, and made them like angels of God in the earth. They have conquered the lusts of the world and its love. The will of God was among them as it is among the angels. Then the Apostles went forth, and portioned out the whole world among them; they preached about the Kingdom of Heaven and repentance in the name of the Christ. They wrought all signs by the Holy Ghost. They

[1] Literally house *passim*.

healed every sickness and disease, they cast out devils from the children of Adam, they raised the dead in the name of the Christ; they brought to nought the idols and the worship of Satan from among the children of Adam. The Light and the Truth of God appeared amongst all nations, and they led them to the worship and obedience of God. Verily they were twelve poor men, weak, strangers among men, without possessions, without authority in the world, with no property to bribe with, and no knowledge and no relationships with which to make claims upon anyone.

* * * * * * * * *

Lord of the children of Israel...much knowledge...from f. 114 a them...the children of Israel called the people; they did not make any reservations amongst themselves between what they said and what they taught. If their cause was from God, their religion would last, and it would be established to them, but if their cause were not of God, God would destroy it, and would not establish it to them. Be not of those who oppose and strive against the cause of God, and verily they have no power therein. Verily before them others from among the children of Israel came out to call to another religion. God brought their work and doctrine to nought. Most of the children of Israel were pleased with this saying of their brethren, and they left the Apostles and their doctrine. This was all from God alone. If the cause of the Christ were not true, and if He were not God of God, the cause of the Apostles would not have been established, nor their doctrine, and they could not have led the nations, who had never worshipped God. But the Christ strengthened the Apostles by the Holy Ghost, and they wrought all signs, and by this they led the people to the light of God and His worship. Their cause was established in all the world; they being strangers and poor, and God raised their fame

* * * * * by His Word He created all f. 115 a things * * * * * God said by the tongue of the prophet David also about the Christ, "Thou art my Son, this day have I begotten Thee. Ask of Me, and I will give

Thee the heathen for Thine inheritance, and I will cause Thee to possess the uttermost bound of the earth; Thou shalt rule them with a rod of iron." Observe in what land of those which God created in the world the name of the Christ has not travelled and His authority is not attended to. Verily the Christ has inherited all nations as God said by the tongue of the prophet David, "His name and His authority have reached unto the uttermost part of the earth." That was when the Word of God became flesh of pure Mary, and He was God and Man. He is the Hope of the nations, and they are the treasure of the Christ. David also prophesied by the Holy Ghost and said about the Christ, "The Lord said unto my Lord, Sit Thou at my right hand, until I put Thine enemies beneath Thy footstool." The Christ went up to Heaven, and Heaven was not divided, and sat at the right hand of the Father. He put His enemies who were disobedient to Him below His footstool, and below the feet of those who believe in the Christ. Thus you will find in the Coran, "I have appointed Thee and raised Thee up to Myself, and have purified Thee from those that are
f 115 b unbelievers. I will make those who follow Thee above the unbelievers until the day of resurrection." Say not that we believe in two Gods, or that we say there are two Lords. God forbid! Verily God is one God and one Lord in His Word and His Spirit Nevertheless God inspired His servant and prophet David and shewed him that the Christ is the Word and the Light of God when He appeared to men by His grace. Verily He is God of God, though He has put on flesh. He who obeys Him obeys God, and he who is disobedient to Him, God will put him below His feet, that men may know that God and His Christ are on a throne and [have] one honour. Nothing of God is without any other part. Thus you will find in the Gospel that the Christ asked the Jews, trying them, and said to them, "What think ye of the Christ, whose son is He?" The Jews said, "He is the Son of David." And the Christ said to them, "How did the prophet David prophesy by the Holy Ghost about the Christ, saying, The Lord said unto my Lord, Sit at My right

hand, till I put Thine enemies below Thy footstool? If the Christ be the Son of David, then how does David call Him Lord?" The Jews were perplexed, and answered Him not a word. If the Christ were not God of God, He would not have dared to make Himself Lord of David, but the Christ was God of God, He was made flesh of Mary the daughter of David, for f. 116 a she was of the lineage of David, and therefore He was named the Christ. God had promised to David His prophet that the Christ should be of his race. Everything that David the prophet had said happened; verily he spake by the Holy Ghost, who revealed everything to him God honoured David in the Christ, when He was made flesh of his race. Isaiah the son of Amoz the prophet prophesied, he who saw the heavens opened, and saw the Lord high upon the throne, and the cherubim around Him crying to one another, and saying, "Holy, holy, holy is the Mighty Lord; the heavens and the earth are filled with His glory." He said by the Holy Ghost about the Christ, "There shall come from Zion the Saviour, and shall turn away error from Jacob." He said also by the Holy Ghost, "There shall be also from the root of Jesse [one who] shall stand as a chief of the nations, and the nations shall trust in Him." Verily Jesse begat David the prophet; Mary the good was from the race of David, and from the root of Jesse, and from her was born the Christ, Word and Light of God, on whom the nations trust; He was their Hope and their Saviour from error. Isaiah said also by the Holy Ghost, "There is no angel and no intercessor, but f. 116 b the Lord will come and save us"; because it was more suitable that no angel and no intercessor could save us, until He appeared to us in the Christ and saved us, and He led the nations and had authority over them and reigned over them like God, and was gracious to them in guidance. He is the Lord who came to us from Zion, and turned away error from us, and was a Saviour to us and a Deliverance from the Devil. No intercessor could lead us from error and no angel from among the angels of God, and none could save us from the Devil nor from his snares, until our Lord came to us from Zion. He was born of

the race of David the prophet, as God had promised him; He saved us with power and authority and guided us to the light of God and He fulfilled the obedience [due] to Him; He was mercy to His creatures. Isaiah also prophesied by the Holy Ghost about the birth of the Christ, saying, "A Maiden shall be with child, and shall bear a son and He shall be called Emmanuel, the interpretation of which is 'Our God with us'" The Maiden is the Virgin who is of the race of Adam. She gave birth to the Christ, Emmanuel, God of God, and mercy to His creatures. We do not hear of one man from Adam till this our day who was called "God with us" or who was called the Word of God. He was born of a Virgin without any man
f. 117a touching her. Is not He the Christ? and do they not lie regarding what God has bestowed on creatures in the Christ? Isaiah also prophesied by the Holy Ghost about the birth of the Christ, saying, "To us a Child is born, and He gave us Him by His authority, and His name shall be called King of glorious counsel, Wonderful, Counsellor, the Strong God, the Mighty, the Prince of Peace, the Everlasting Father." God shewed by the tongue of Isaiah His prophet that the Child that should be born to men is the Christ, who shewed Himself to us God of God and mercy. When the Prophet says, the Strong God, the Mighty, the Wonderful Counsellor, the Everlasting Father; this is the Judge. What child was born among men since the day that God created men and the world until this day of men who was called the Strong God or the Everlasting Father, or of whom it was said that his government was upon his shoulders, and this because He was God of God, was there not government upon Him? Doubt not, O man, about the Christ. Let not His humility mislead thee. By this He raised us to the Kingdom of Heaven, and He overthrew Satan beneath the feet of His saints. What is the punishment of him who falsifies the word of God by the tongues of His prophets? Let us fly for refuge to God from this and ask Him to make us
f. 117b of those who believe His word and the word of His prophets. Verily this is mercy and favour from God and grace for well-

being. Then fear God and follow the word of the Christ. Do not doubt Him.

Isaiah also prophesied by the Holy Ghost saying, "Out of Zion shall go forth the Law, and the word of the Lord from Jerusalem, and truth from the Holy City." The Law that went forth from Zion is the Gospel which the Christ brought, and brought it out to the people a new law and a light and guidance. Wise and learned men have known this, let no one doubt about it that wellbeing is in it. But the Law which God brought down to Moses and the children of Israel is the first Law, which He brought down on Mount Sinai. We do not know that any of the prophets came down with a new law from Zion save the Christ with the Gospel, a guidance and a mercy, and a proof of the work of obedience to God. The perfection of the work is by purity of spirit and the approach of the soul to God, and temperance in the world and longing for the next world. This is the perfection of knowledge and of worship which God desires from men without their disliking it. Thus said the Christ, "I am not come to destroy the example of Moses but to fulfil it, and to give myself a ransom for many." In truth He f. 118 a has redeemed us from death and sin and the error of Satan. To Him be praise and thanks for this God said by the tongue of David the prophet, "God reigneth over the nations. He reckoneth up the government of the peoples; they shall come and worship before Thee." That is because the nations did not worship God, and did not know who He is, till the Christ came, the hope of the nations, and God did not reign over the nations through obedience and worship till the Christ redeemed them, and reigned over them and saved them from error and made them the friends of God and of His Word and His Spirit. God reigned over the heavens and the earth and all that therein is with power and authority; none of His creatures has outwitted Him in anything that He willed. But God, may He be blessed and sanctified! willed to reign over men by hearing and obedience, and that He should be liable for the reward of their obedience. Verily God does not wish that any one should serve

Him unwillingly. He is too great and glorious for any of His creatures to dislike Him, and to serve Him unwillingly. God spake by the tongue of Micah, the prophet who disquieted Ahab king of the children of Israel, about his rebellion and error in the time of Elias the prophet, and he was killed by king Joram son of king Ahab, the rebel son of the rebel, whilst he was
f. 118 b accompanying him from his error; seeing him opposed to the obedience of God and the word of His prophets, he prophesied, saying by the Holy Ghost about the birth of the Christ according to what God revealed to him, "And thou, Bethlehem, thou shalt not be despised in the dominion of Judah, for a chief shall come forth from thee, and He shall rule the nation of Israel, and His going forth is from the first days of time." The learned men and all the people knew that the Christ was born in Bethlehem a mercy and a guidance, and from it He ruled Israel, He ruled all nations, He shepherded them and He drove them to the noblest mansions of the kingdom of heaven. His going forth was from before the days of time, because He is the Word and the Light of God, He was with God before all time. When the Christ was born in Bethlehem, God sent down one of His Angels to shepherds who were watching near Bethlehem, and he said to them, "I bring you good tidings to-day with great joy, it is a joy to all nations, that a God is born to you to-day, the Christ the Lord in the city of David, which is Bethlehem; and this is the sign unto you that you shall find a babe in the cradle." Whilst the Angel told them the good tidings, they heard the voice of angel-hosts in a
f. 119 a multitude adoring God and saying, "Glory to the most high God, on earth peace, and good will among men." The Christ came down upon earth and there was good will to them and peace and mercy; the good will of God dwelt among them. The Christ when He appeared to them purified their hearts, and the Holy Ghost dwelt in them, brought them near to God and shewed them light and leading. Then the Christ caused a star to arise in Heaven; when the people of the East saw it, and the Magi saw it...its light, and the glory of the stars of Heaven,

and it was...to them day or night, they knew that it was the star of a great King whose kingdom was greater than [that of] the kings of the people of the earth. The East believed that they should follow the light of the star, in it...and the King who was born. They had gifts, gold and frankincense and myrrh, and they travelled till they entered the Holy City, and the star departed from them. And they asked the people of the Holy City, saying, "There is a great King born among you; we have seen His star in the East; we have come to worship Him, and we have gifts." Their business reached Herod king of the Israelites, and this frightened him; and he asked the priests of the Jews, "Where should the Christ be born when He comes?" They said to him, "In Bethlehem, as God f. 119 b said by the tongue of His prophet Micah, 'And thou, Bethlehem, shalt not be despised in the dominion of Judah, for out of thee shall come a Prince, and He shall shepherd the people of Israel, and His going forth is from before the days of time.'" Who was that that was born among the people of the world, O ye company of men, who had signs like this? among the kings of the earth? or among the prophets of God? The Christ was born of a Maiden, and she remained a virgin after she gave Him birth, without any man having touched her. What sign could be greater or better than this? Then a star arose to Him in heaven, its light like the light of the sun. Then the Angels adored Him when He was born and announced to men, "There is born to you this day a Christ a Lord in the city of David." The Angels adore none but God, and His Word and His Spirit. The gifts to the Christ were frankincense. Verily frankincense is brought only to God; and verily gold is brought to kings. Thus the Christ was God of God, and He is the King who shall reign over all nations, and He led them away from error. Everything relating to the Christ was signs and wonders, from the day that He was born and in His mercy raised us up to Heaven, and lifted us up to the light of God and His honour. Praise be to God who lifted us up in the Christ.

David also prophesied by the Holy Ghost, saying, "The Lord f. 120 a shall come down like rain upon the mown [grass], and as drops that drop upon the earth; righteousness shall dawn in His days, and abundance of peace so long as the moon appeareth. He shall reign also from the sea to the sea, and from the going out of the Rivers unto the ends of the earth. Wisdom shall fall down before Him, and His enemies shall lick the dust. All kings of the earth shall do Him homage; all nations shall serve Him, for He hath saved the needy from the tyrant, and the poor who hath no helper. His name is honoured among them, His name shall be blessed for ever; His name endures before the sun and before the moon throughout all ages." The Lord came down to us, and righteousness did not dawn to us men until the days of the Christ, nor good works nor abundance of peace by obedience to God and temperance in the world for evermore. He has reigned over the nations from the East to the West; we find no place in the world where the name of the Christ is not worshipped and honoured as the prophet said, "His name shall be honoured amongst them, the nations shall serve Him, and He is blessed for ever, He who brought blessing upon His friends. His name endures before the sun and before the moon, and

f. 120 b
before all things throughout all ages." About whom among men did God's prophets prophesy, or among the kings of the earth whose name is blessed among the nations, or whose name endures before the sun and before the moon, save the Christ the Word and the Light of God? If the Christ were not God of God, He did [not] come down to His creatures; but He was among them before that, and He appeared to them a mercy and guidance. Did not David the prophet exalt Him, and did he not speak about Him according to this word? It would not have been fitting that such a word should have been spoken to a man, or that he should have been exalted like a god. Yet David prophesied about the Christ, saying, "Verily God shall come down to His creatures, and shall lead them away from error, and righteousness shall dawn in their hearts and abundance of peace. The kings of the earth shall worship Him, and all the nations."

Isaiah also prophesied by the Holy Ghost, saying, "Behold, the Lord sitting upon a light cloud, and He will come to Egypt, and the idols of Egypt shall be shaken." The Christ went into Egypt clothed with pure flesh from Mary whom God purified, and by this He honoured us, as a king honours his servant when he clothes himself with his garment. Then He it was who shook the idols of Egypt and brought to nought the work of the Devil through it, and led them away from the error of Satan to the truth of God and His merchandise; and He has made His light to dawn in their hearts. Look, when was Egypt saved f. 121 a from the worship of idols and the error of Satan, save when the Christ trod it in His mercy and appeared to them in His light? Understand, O men, the prophecy of the prophets and the work of the Christ and look, what is more excellent? the correspondence of the works of the Christ and the prophecy of the prophets.

The faithful Job also prophesied by the Holy Ghost, he whom God remembered, saying, "We have found him faithful and righteous and eschewing every evil work." He prophesied, saying, "God who alone spread out the heavens, and walketh upon the sea as upon dry land." We do not know that any man ever walked upon the sea save the Christ; verily He walked upon it and shewed to men that He is the Word and the Light of God by which He made the heavens and the earth and all that is therein, as the faithful Job prophesied about Him by the Holy Ghost.

The prophet David also prophesied thus by the Holy Ghost, saying, "By the Word of God were the heavens built, and by the Spirit of His mouth He gave life to all the angel-hosts." If God, blessed be His name! established the heavens by His Word, and gave life to the angels by His Spirit, the Christ is the Word of God and His Spirit, as ye bear witness, and do not reproach us when we believe in the Christ, the God of God; He created the heavens and the earth, and by Him He gave life to the f. 121 b angels and to all people.

The faithful Job also prophesied by the Holy Ghost, saying, "It is the Spirit of God that hath created me, and in His name

He reigns over all; it is He who hath taught me understanding" The prophets and saints of God have shewn that God and His Word and His Spirit established all things and gave life to all things, and it is not fitting for any one who knows what God hath sent down to His prophets, that he should disdain to worship God and His Word and His Spirit, one God. It was revealed to His prophet Daniel whom God made wise and gave him understanding and shewed him the knowledge of the time, and revealed to him by means of Gabriel the Archangel, and told him about the Christ the Word and the Light of God, after he had fasted twenty-two days and called on God, saying to him, "Seventy weeks are determined upon thy people and upon the city, and upon the house, the Holy City, to make an end of sins, to destroy falsehood, to wipe out iniquity, to forgive trespasses, and He shall come in everlasting righteousness, and shall seal up the revelation and the prophecy, and anoint the most Holy," that he might know and understand that from the going forth of the decree of the renewal and the building of Jerusalem until the Messiah the Prince is seventy [weeks], and this four hundred years before. When was sin cut off, and...
f. 122 a sealed up, and iniquity wiped out, and trespasses forgiven, save when the Christ...in everlasting righteousness...and the confirmation of this is that He sealed up every inspiration and prophecy which was among the children of Israel from the days...of the Holy of Holies...and their prophecy...thus said the Christ...He brought them near...the Holy of Holies...If He were not the Christ...the Christ more holy than...He would have brought authority and prophecy to nought...the children of Israel when they disobeyed Him and did not follow His word. [God] gave Him another people; as He said, and His word is faithful. We shall not find that there is one name among the kings of the children of Israel, nor among the prophets that is Most Holy. David was a king and so were others. Of the children of Israel some were prophets and kings, and none of them were called Most Holy save the Christ who reigns over the nations by guidance and obedience;

NATURE OF GOD. 25

He sanctifies them by the Holy Ghost. Blessed is he who does not doubt the Christ, and keeps his faith; thus the Christ said f. 122 b in the Gospel, "Blessed is he who does not doubt Me." He said also, "I am the Light and the Life and the Resurrection. He that believeth in Me hath passed from death to everlasting life."

Isaiah also prophesied by the Holy Ghost, saying, "Strengthen[1] ye the weak hands, and confirm the feeble knees. O ye that are weak of soul and mind, be strong, fear not; behold, your God will reward with wisdom, He will come and deliver you. Then the eyes of the blind shall be opened, and the ears of the deaf shall hear, the lame man shall come on like a hart, and the dumb tongues shall speak clearly." When were weak hands and feeble knees strengthened, till our God came to us as the prophet said and delivered us from destruction? He healed every disease and sickness among men. When did the eyes of the blind see, and the ears of the deaf hear, and the feet of the lame come on like a hart, and the tongues of the dumb speak plainly, save when the Christ appeared to us, the Word and the Light of God, and there was mercy and deliverance to men? He wrought every sign among the children of Israel, and other people, and rewarded f. 123 a men in wisdom and righteousness. He rewarded those who believed in Him with everlasting life and the Kingdom of Heaven, and He rewarded those who rejected Him and did not believe in Him with contempt and sore punishment. Look how it corresponds with the strength that is in the works and signs of the Christ which are written in the Gospel. One day the Christ passed a lame man, who had been upon his couch for thirty-eight years, who did not turn himself except as others moved him upon his couch. The Christ had mercy on him, and said to him, "Wilt thou be made whole?" The lame man said to Him, "Yea, Lord, but I have no one to move me." The Christ said to him, "Rise, carry thy bed, and return to thy house." The lame man rose at the command of the Christ, and carried his bed, and returned to his house. Then the Christ went into a house, and there were gathered to Him the priests of the Jews and the

[1] Literally, heal.

children of Israel, till the house was filled, and no one could enter the house for the crowd of people, and another palsied
f. 123 b man was carried to Him on his couch. They wished to bring him in to the Christ, and they could not for the crowd of men. He was carried, and they brought him up by the back of the house, then they uncovered the roof and let him down upon his couch till he was laid before the Christ; and around him were the priests of the Jews and the people. The Christ said to him, "Thy sins are forgiven thee." The priests and they that were round Him said, "Who can forgive sins but God only?" The Christ said unto them, "O company of priests, which is it easier for Me to say, Thy sins are forgiven thee, or to say, O thou palsied man, rise, carry thy bed, and go to thy house?" The palsied man rose before them, carried his bed, and went off to his people as the Christ commanded him. None of them could answer Him a word The Christ shewed them by the sign which He did to the palsied man that He had authority to forgive trespasses, and none forgives trespasses but God Verily all the works of the Christ were with authority and power Then the
f. 124 a Christ passed by also, and the disciples with Him, and a number of the children of Israel, and behold upon the way was a beggar man who was born blind. The disciples asked the Christ, "O Lord, who did sin, this [man] or his parents, that he was born blind?" The Christ said to them, "This man hath not sinned, nor have his parents sinned, but that the works of God should be made manifest in him." The Christ called him, spat upon the ground, made clay, and anointed the eyes of the blind man with it, and He said, "Go to the fountain of Shiloah and wash in it, and, behold, thou shalt see." The blind man went off, and washed in the fountain of Shiloah, and returned seeing. The Jews said, "We never heard from [all] time of a blind man seeing before this," and a number of the children of Israel believed in Him. Then He met one who had been struck deaf and dumb; He laid His finger upon his ear, He spat upon his tongue and chased away that devil. It went out of him and he was made whole by the command of the Christ; he heard with his ears and spake with

NATURE OF GOD.   27

his tongue. Then the Christ met also a leper, and the leper said to Him, "Lord, if Thou wilt, Thou canst make me clean f. 124 b from my leprosy." The Christ said, "I will," and immediately he was clean as the Christ had said. Who among men, among the prophets of God and His saints, was able [to do] what the Christ was able [to do], to work signs and to heal all diseases and sicknesses by power and authority, to create what He wished and to forgive trespasses? and all this is of the works of God, no one among men is able for a thing like that. By my life! we do not find one among men, among the prophets of God or others who worked signs by authority, only by invocation and by his power in humility and prayer. Some of them received an answer, and some of them never received an answer at any time. Then the Christ went also into a synagogue of the Jews on the Sabbathday, and the children of Israel were gathered unto Him, and He began to judge and to warn them, and behold a man in the synagogue who had a withered hand. The Christ said to them, "What is it right to do on the Sabbath-day, to do good, or f. 125 a evil? that life should be saved, or destroyed?" They said, "Nay, let us do good on the Sabbath and let life be saved." The Christ said to them, "Ye speak truly." Then He said to him who had the withered hand, "I say unto thee, Stretch forth thy hand," and he stretched it forth, and, behold, it was like his other hand. The children of Israel who saw it were amazed, and they knew that no man can work the work of the Christ, and many people believed on Him. It is thus that God wishes men's faith. He does not wish that any one should believe in Him unwillingly; there is certainly no reward in unwillingness; but God wishes men to believe in Him obediently, and that God should be liable for their reward in truth. God is greatly to be praised, who sent us the word of His prophets in correspondence with the works and signs of the Christ, and He shewed to men that He is God of God, and it is He who has delivered and saved us from error and destruction. He cured all diseases and sicknesses, and led us to His light and honour. Jacob, that is f. 125 b Israel, prophesied when his death drew near; he called his sons, and prophesied unto them, speaking about Reuben his firstborn as God inspired him, about Simeon and about Levi. Then he called Judah, who was his fourth son, and he prophesied, saying, "Judah is a lion's whelp; there shall not fail from thy glory a prophet nor a ruler nor a captain, until He who is looked for come, and He is the hope of the nations." We see that every prophet and king failed from the children of Israel from the time that the Christ came, the Hope of the nations; and the prophets and kings of Israel were from the tribe of Judah. God ruled over the nations because they were the treasure of the Christ. The children of Israel fled into the eastern and western parts of the earth; fire flamed up in their Temple and their city because of what they had chosen concerning God and His Christ as David prophesied, saying, "The kings of the earth were assembled

f 126 a

and those that had dominion in it; they took counsel together against the Lord and against His Christ. He that dwelleth in the heavens shall laugh, the Lord shall have them in derision; then shall He speak to them in His wrath and vex them in His displeasure." God did this to them in their disobedience to the Christ.

Jeremiah the prophet prophesied, he of whom God bare witness, saying, "Before I saw thee I knew thee, and before thou camest forth out of thy mother's womb I sanctified thee"; he prophesied by the Holy Ghost, saying, "This is our God, we will worship no God but Him. He knew all the paths of knowledge, and gave them to Jacob His servant, and to Israel His saint. After this He looked upon the earth and mixed with the people." We do not know that God looked upon the earth or mixed with the people except when He appeared to us in the Christ, His

f. 126 b

Word and His Spirit. He veiled Himself in flesh, He who is not of us. Men saw Him and He mixed with them. He was God and Man without sin. It was He who knew the paths of good and of knowledge and judgment, and who taught them and made them spring up to those who follow His command and His word. The speech of the Christ was the speech of light and life, as the Apostles said to Him, "Thy speech is the speech

of light to those who go and call on Thee." Let us ask God in His mercy to make us of those who follow the commands of the Christ and let us believe in Him as the prophets prophesied about Him and preached about Him. They said, "Your God will appear to you and will come to you in salvation and guidance and mercy, He is your God, the Most Merciful of the merciful." God said by the tongue of the prophet Habakkuk, him whom the Angel met when he was going with breakfast to his reapers. The Angel said to him, "Go with this thy breakfast f. 127 a
to Daniel the prophet in the land of Babylon." Habakkuk said to him "[What is] the way? for Babylon is far from me." Then the Angel forthwith took him by his forelock till he put him immediately at the den into which the Persians had thrown Daniel among the lions. Then said the prophet Habakkuk to Daniel, "Rise and take the breakfast which God sends thee." They breakfasted together; then the Angel made Habakkuk go back to his land, which was Palestine. He prophesied by the Holy Ghost, saying, "God shall come from Teman, and the Holy One shall be shaded by the wooded mountain." This is the plain and healing prophecy, when God shewed by the tongues of His prophets from what place the Christ should come and from whom He should be born, when His Word and His light should appear to men. Verily Teman is Bethlehem, it is on the right hand of the Holy City. The shady wooded moun- f. 127 b
tain is Mary the Holy, whom God the Holy Ghost overshadowed, and the power of God rested upon her, as the Archangel Gabriel said, when Mary said to him, "Whence shall I have a boy, when a man hath not touched me?" Gabriel said to her, "The Spirit of God shall come down upon thee, and the power of God shall rest upon thee." God agreed to the saying of His Prophet, and His Angel Gabriel when they say this saying about the Christ, and their saying is true. They shewed to men from what place He should come and from whom He should be born, and that God should come for the salvation and guidance of His creatures. Praise be to God who created us; let us receive and believe in the saying of His angels and prophets about the

Christ. Thus God shewed to Daniel the prophet with Gabriel the Archangel when he saw the stone that was cut from a mountain without hands, which smote on the foot of the idol,
f. 128 a and broke the clay and the iron and the brass and the silver and the gold, and it became like dust when it is scattered in the harvest, and the force of the wind blows upon it, and no more trace appeared to them. The stone which smote the idol became a great mountain, and filled the whole earth. The Angel Gabriel shewed to Daniel that the idol whose head was of gold, his breast and his hands and his belly and his thighs of brass, and his legs and his feet of iron and clay; these were the kings of the world who reign in this world; but the stone which was cut from a mountain without hands, was verily the Word and the Authority of God, who subdues the kings of the world and reigns for ever and ever, and His authority fills the whole earth, and reigns over the nations in obedience and guidance. But the
f. 128 b mountain is Mary from whom the Christ was born without a man approaching her. He subdued the authority and the error of Satan, and led men to righteousness and godliness and a knowledge of the truth of God. Zechariah the prophet prophesied by the Holy Ghost, saying, "Rejoice greatly, O daughter of Zion, shout, O daughter of Jerusalem, behold, thy King cometh unto thee, riding upon an ass and her foal." The Christ came in when He entered the Holy City, sitting upon an ass, on the day of the palm-trees. The children of Israel met Him with olive-trees and palm-branches with their wives and children; the babes and sucklings adored Him, saying, "Hosanna to the Son of David, blessed is He who cometh King of Israel." The priests of the Jews said to the Christ, "Hearest thou not what these say, doth not their saying exalt thee when they adore
f. 129 a thee as God is adored?" The Christ said to them, "Have ye not read in the psalms of the prophet David, that he said by the Holy Ghost, 'Out of the mouths of babes and sucklings Thou hast preordained Thy praise'?" This is in the eighth psalm. The prophet David prophesied and said, "O Lord, our Lord, how excellent is Thy name in all the earth! Thou hast created Thy

glory above the heavens; from the mouths of youths and boys Thou hast perfected Thy praise." What shall I shew from this prophecy about the Christ? that He is God of God, and perfect Man; when He went into the Holy City riding upon an ass, as David the prophet prophesied about Him and the babes and sucklings adored Him, they who do not speak nor understand. God opened their mouths and they adored the Christ, as David f. 129 b prophesied about Him, saying that He was blessed, and that He was the King of Israel. The Jews lied who opposed the obedience and the word of the Christ, and did not believe in what David the prophet had prophesied about the Christ, saying that He is Lord, and that His excellency soars above the heavens, and that His praise is perfected out of the mouths of babes and sucklings; and by my life! He gave an example of faith to those who are godly and receive the truth, when ye hear from God's Book that babes and sucklings adored the Christ Who could make sucklings adore save God who created them and gave them speech without...and His light? and they f. 130 a will bring it down from God in His dwelling. Verily the Word of God is of God, and God is the Father of His Word. Praise be to God! what is greater than the prophecy of the prophets about the Christ? I will shew their sayings about Him, that He is God of God and His light, and that He appeared to men as mercy and compassion, and was Man without sin. No man has been seen in the world from Adam till this our day, a prophet, nor any one else without sin, save the Christ our Saviour, who guides us and delivers us from sins, and works for us the forgiveness of trespasses through our faith in Him. God shewed by the tongues of His prophets by the Holy Ghost who inspired them about the Christ, and shewed whence He should come and from whom He should be born when He appeared to us, and the signs that He should work, and taught by them that He was the Christ, and that He was God of God as the prophets have preached f. 130 b about Him; and they said that He should forgive trespasses and should create what He willed by His command, and should know hidden secrets, and appear to the absent, and prophesy to them about what they should remember, and walk upon the sea like the dry land like a God, and He should satisfy from hunger, and He should heal all diseases and sicknesses with authority and power. All this the prophets had said about the Christ, that He should do these signs to men. By this we trust the Christ and believe in Him and follow Him, and we know that none works the works of the Christ save God. Praise be to God who hath helped us to this, and hath made us [to be] among the friends of the Christ, and hath saved us from error and the service of the devil, to His light and His mercy and His great bounty wherewith He abounded towards us. This was somewhat of what God's prophets prophesied about

f. 131 a the Christ, the Word and the Light of God, when He should appear to men in His mercy and should save them and deliver them from the error of Satan to light and guidance. This is some of their prophecy. Nevertheless everything that the prophets prophesied about the Christ is greater than that any man should speak of it or should comprehend it. But have we loved to aim at that? In everything the aim is the best and most beautiful thing. If we wished to extract from the sayings of the prophets about the birth of the Christ, we are able by God's help for what we wish in that; this is our plea with God in the day of the resurrection before the Archangels and the former and the latter prophets; "We believe in Thee and Thy Word and Thy Holy Spirit, one God and one Lord as Thou hast brought [it] down and shewn [it]

f. 131 b to men in Thy books: save us from the punishment of Gehenna, and in Thy mercy make us to enter with Thy Angels and Thy Saints and Thy Prophets, O God." This is the saying of God's prophets about the immersion of the Christ in baptism, which God commanded, and appointed in it for us the forgiveness of trespasses, and shewed about it by the tongues of His prophets. The Christ is a fortress in regard to it, and commanded us about it, saying, "Verily, verily, I say unto you that none shall enter the Kingdom of Heaven save he who is born of water and spirit." We remember also the prophecy of King David the prophet in the beginning of this our book about the immersion of the Christ, when he prophesied, saying, "The voice of the Lord is upon the water, the God of glory thundereth, God is upon many waters." That was when the Christ was baptized, and the Father bare witness from Heaven, saying, "This is My beloved Son, in whom I am well pleased, obey ye Him," f. 132 a and the Holy Ghost came down from Heaven and abode upon the Christ. God shewed that day to the children of Israel that God and His Word and His Spirit are one God in Heaven and earth and in every place. This is the proof of what God's prophets said about it of old time. Verily he who believeth not in God and His Word and His Spirit, one God, hath not kept the faith in God and hath not accepted the word of God's prophets, when they speak about everything that He sent down to them, that God's Word is His strength and His wisdom, and that the Holy Ghost is the life of everything. John son of Zacharia, the prophet son of a prophet, about whom the Christ bare witness, saying to the children of Israel, "Verily, verily I say unto you that among those whom women have borne there is none greater than John the son of Zacharia, the Baptist." f. 132 b This was because he baptized the Christ, and heard the voice of the Father from Heaven, bearing witness and saying, "This is My beloved Son, in whom I am well pleased," and saw the Holy Ghost descending from Heaven and it abode upon the Christ. The Christ said that the least in the Kingdom of Heaven is greater than he. This [was] because the least in the Kingdom of Heaven is greater than the great of the people of the earth, in order that men might know that the despised people of Heaven are greater than the great people of the earth, and that men might long for the Kingdom of Heaven, and might lead a temperate life in the earth and all that is therein. In the Coran there is a written mention of John the son of Zacharia, saying, There Zacharia called on his Lord, saying, "Lord, give me from Thee a good offspring, for Thou f. 133 a hearest prayer." And the Angels called [to] him while he was

standing praying in the niche, "God promiseth unto thee John, confirmer of the Word of God, a chaste lord and one of the good prophets." He bare witness, speaking about the Christ, when [the message] was sent to him from the wilderness to baptize the children of Israel, and to proclaim to them the Christ. The priests of the Jews and the children of Israel came from every place. When the children of Israel saw him they said to him, "Art thou the Christ whom we look for?" He said unto them, "I am not the Christ." They said, "Art thou the prophet whom God told Moses at Mount Sinai that He would raise up unto you a prophet like unto me; obey him?" John said unto them, "I am not the prophet." They said unto him, "Who art thou?" He said, "I am the voice of one crying in
f. 133 b the wilderness, Make straight the way of the Lord, and make His path even, as God said by the tongue of Isaiah the prophet about the Christ, and about John the son of Zacharia, I will send my Messenger before thee, and he shall prepare thy ways. I have come before the Christ that I may prepare His paths and proclaim Him to man. I baptize you with the water of a pure baptism, but there standeth one among you whom ye see not, who cometh after me, the latchet of whose shoes I am not worthy to unloose; He shall baptize you with the Holy Ghost and with fire." When it was the morrow, behold, there was the Christ, and he said, "Behold the Lamb of God, who taketh away the sins of the world. This is He of whom I said to you that He cometh after me, and He is present with me, for He
f. 134 a was before me; and I knew Him not, but He who sent me to baptize, He said unto me, Upon whom thou shalt see the Spirit descending and abiding upon Him, He is the Christ, the Son of God, who baptizeth with the Holy Ghost, and taketh away the trespasses of men, and cleanseth them from their sins." John the son of Zacharia bare witness that He was before him, God of God, and that He wipeth out the sins of men and cleanseth their hearts, and He baptizeth those who believe in Him with the Holy Ghost and with fire. This is because the Christ cleanseth souls, and purifieth them and

enlighteneth them by the Holy Ghost; He burneth up sins and killeth them by means of forgiveness, as fire burneth thorns and destroyeth them and one sees no trace of them. Sins and trespasses are like thorns. The Christ said in the Gospel, "Verily, verily I say unto you that he who is not f. 134 b
born of water and Spirit shall not enter the kingdom of Heaven"; but he who is born of water and Spirit is he who is baptized in the name of the Father and the Son and the Holy Ghost, one God and one Lord. Let it not take thee aback when thou hearest, "the Father and the Son and the Holy Ghost." Verily the Father is God; the Son is the Word which is from God; and the Holy Ghost is the Spirit of God through whom He sanctifieth everything; as water cleanseth the defilement of the body, so the Holy Ghost cleanseth the defilement of souls and spirits and purifieth them from sins and trespasses, so that he who is baptized in faith is cleaner than when he was born from his mother's womb, he has no sin and no iniquity. Therefore said John the son of Zacharia "Verily the Christ will baptize you with fire and Spirit." f. 135 a
Therefore the Christ said, "He who is not born of water and Spirit shall not enter the kingdom of Heaven." God made the forgiveness of trespasses the second birth. David also prophesied by the Holy Ghost, about the immersion of the Christ and His destruction of Satan and his hosts, saying, "Thou hast broken the heads of the dragons on the water. Thou hast broken the head of the Dragon," that is, Satan and his hosts, when the Christ destroyed them by the immersion of baptism, and broke...from men, who conquered...by his error, and he tempted them,......The Christ opened to men the door of repentance and forgiveness of trespasses, as He said in the Gospel to the Apostles, "Go out into all the world, and proclaim the Kingdom of Heaven amongst the nations, and repentance in f. 135 b
My name, and baptize them in the name of the Father and the Son and the Holy Ghost." He that believeth and is baptized is saved and delivered and pardoned; he who believeth not hath not been baptized, and there hath been decreed against him

contempt and remorse. Praise be to God who hath delivered us from the Dragon and his error, and saved us from our sins and trespasses by the immersion of baptism and our faith in the Christ, the Word and Light of God. God said by the tongue of Ezekiel the prophet, one of the chief prophets, who prophesied to the children of Israel in the land of Babylon, saying, "I will sprinkle clean water upon you, and ye shall be clean from the worship of idols and from your sins." We do not know with what God sprinkled men, and cleansed them
f 136a from their sins, and from the worship of idols, save the immersion of baptism, by which He cleanseth him who believeth in the Christ, and is baptized and obeys God's prophets. Men were never saved from the worship of idols save when the Christ, the Light of God, appeared to us, and received us in baptism. God said by the tongue of Isaiah the prophet, "Wash you, make you clean; put away your sins from before the Lord." What bath or washing puts away the sins of men from before the Lord save the confession of sins and repentance towards God and the immersion of baptism in the name of the Christ? . . . .

APPENDIX.

Variants from the Peshitta Syriac text (ed. Schaaf, 1717) in the Acts and the Catholic Epistles of James, I Peter and I John. From the Syriac of Pococke's edition in the Epistles of II Peter, II and III John and Jude.

IN compiling the following list, I have taken no notice of anything so trivial that it does not affect the sense; nor have I included such variations as are due to idiom, such as اذا ب for ܐܡܬܝ. The plural may be used in one language where the singular is used in the other, and even in English it does not matter whether we say that Sennacherib came down "with his host" or "with his hosts." Sometimes a word expressed in one language is only implied in the other, this being the case especially with pronouns and with the verb "to be." Also occasionally it takes two words in one language to express one word in another. I have not thought it necessary to follow up the effects of a variation throughout its sentence by writing the corresponding changes of other words which it necessitates. To do so would have made a much longer list, and it is enough if I have succeeded in giving the Greek scholar unacquainted with Arabic the material for judging of what the original text has been of which this MS. is a translation.

ACTS.

VII. 38. ἐκκλησίᾳ] + τῶν υἱῶν Ἰσραηλ.

39. ἀλλά] καί.

40. προπορεύσονται] ἄγωσιν (cf. ἐξαγαγεῖν in Heb. viii. 9).

42. Θεός] + ἐπ' αὐτούς. ‖ Om. γέγραπται. ‖ βίβλῳ] προφητείᾳ. ‖ σφάγια] μόσχους.

44. Om. Ἰδού. ‖ καθώς] αὐτόν. ‖ ὁ λαλῶν σύν] ὁ Θεός. ‖ κατὰ τὸν τύπον ὅν] ὡς.

45. ταύτην τὴν σκηνήν] αὐτήν. ‖ Θεός] + ὅταν ἀπέσπασεν αὐτήν.

48. λέγει] + εἰπών.

49. Om. ὑπό.

IX. 31. ἐκκλησία] + Θεοῦ. || Om. ὅλης.

34. καὶ] + ἐκάλεσεν αὐτὸν ὀνόματι καὶ. || Om. αὐτῷ. || Om. ὁ Σίμων, Αἰνέα.

36. + καὶ ἐν ταῖς ἡμέραις ταύταις. || Om. ἀγαθῶν.

38. μαθηταὶ] ἀπόστολοι. || Om. παρακαλοῦντες αὐτὸν.

39. Om. παρέστησαν. || Om. πᾶσαι. || Om. χιτῶνας καὶ

40. ἐκβαλὼν δὲ] κελεύσας δὲ ἐκβαλεῖν. || ἔξω] + ἀπ' αὐτοῦ. || πάντας] τοὺς ἀνθρώπους.

41. χεῖρα] + ὁ Σίμων.

42. καθ' ὅλης τῆς πόλεως] πᾶσι τοῖς κατοικοῦσι τὴν πόλιν.

43. οὐκ ὀλίγας] ἱκανὰς.

X. 1. ἑκατοντάρχης] ἡγεμὼν *passim*. || It is interesting to find كورة used in the sense of σπεῖρα, for كور and *spiro* both mean "to twist, to wind."

2. πολλὰς] + καὶ ἀγαθά. || διαπαντὸς] πολὺ.

3. αὐτῷ] + ὀνόματι.

6. Πέτρος] + ἰδοὺ.

9. ἕκτην] + τῆς ἡμέρας.

13. ἐγένετο φωνὴ πρὸς αὐτὸν] ἤκουσε φωνὴν.

14. ἔφαγον] εἰσῆλθεν εἰς τὸ στόμα μου.

15. αὐτὸν] + λέγων.

16. τοῦτο δὲ] αὐτὴ ἡ φωνή. || ἐγένετο] + αὐτῷ.

17. Σίμων] + καὶ εἶπε. || Om. ὃ εἶδεν. || καὶ ἦλθον καὶ] καὶ ὅταν. || Om. τῆς αὐλῆς.

18. Om. φωνήσαντες ἐκεῖ. || Om. ἐνθάδε ξενίζεται.

19. πνεῦμα] + Θεοῦ. || τρεῖς] + ἦλθον. || Om. κατάβηθι καὶ. || Om. τῷ νοί.

21. τοὺς ἄνδρας] αὐτοὺς. || ζητεῖτε] + εἴπετέ μοι.

22. εἶπαν] + Ἔπεμψεν ἡμᾶς. || εἷς] ἡγεμὼν. || ἑκατοντάρχης] ἀνὴρ δίκαιος. || τε] + καλῶς. || ἀγγέλου] + Θεοῦ. || ῥήματα] + Θεοῦ.

23. Om. ἀναστὰς. || ἀδελφῶν] πολιτῶν. || αὐτῷ] αὐτοῖς.

24. αὐτοὺς] αὐτὸν. | Om. πάντας || φίλους] ἀδελφοὺς.

26. Om. αὐτῷ. || Ἀνάστηθι] + ὦ ἄνθρωπε.

27. Om. ἐκεῖ.

30. ἔφη αὐτῷ] + Γνωρίζω σοι ὅτι. || Om. μέχρι τοῦ νῦν. || ἐνάτην ὥραν] + τῆς ἡμέρας. || οἴκῳ μου] + ἦλθε πρός με.

33. Om. πάντες. || ἀκοῦσαι] + ἀπό σου.

34. ἀνοίξας δὲ Σίμων] ἐξειπὼν δὲ Σίμων καὶ ἀνοίξας.

X. 35. ἐν παντὶ ἔθνει ὁ φοβούμενος] πάντα τὰ ἔθνη τὰ φοβούμενα.
36. εἰρήνην καὶ ἀνάπαυσιν] εἰρήνην καὶ ἀσφάλειαν
38. διῆλθεν] + τὰς χώρας
39. ἐποίησεν] ἐν ὅλῃ τῇ γῇ. || Om. ὅλῃ.
41. Om. δὲ. || Θεοῦ] + εἶναι σὺν αὐτῷ καὶ.
42. ἡμῖν] + καὶ εἶπε. || τῷ λαῷ] τοῖς υἱοῖς Ἰσραήλ.
43. προφῆται] + προφητεύουσιν καὶ. || μαρτυροῦσιν] + καὶ λέγουσιν.
44. λαλοῦντος] + αὐτοῖς. || Om. τὰ ῥήματα ταῦτα. || πάντας τοὺς ἀκούσαντας τὸν λόγον] αὐτούς. || συνῆλθεν αὐτῷ] + ἰδόντες.
46. Om. γάρ.

XI. 1. ὅτι] om. καί.
4. Om. ἀρξάμενος. || Om. Σίμων. || Om. καθεξῆς. || λέγων] + Ἀκούσατέ μου, ἀδελφοί.
5. καταβαῖνον] + ἐκ τοῦ οὐρανοῦ.
6. εἶδον ἐν αὐτῷ] + πάντα.
7. Om. μοι.
9. + καὶ ἦλθε πρός με.
10. τοῦτο] αὐτὴ ἡ φωνή. || πάλιν] + ἡ ὀθόνη καί.
12. πνεῦμα] + τοῦ Θεοῦ. || μοι] ἀναστῆναι καὶ
13. ἄγγελον] + Θεοῦ. || Om. σταθέντα.
15. Om. ἐκεῖ.
17. Om. οὖν. || καὶ] ἔδωκεν. || Om. τίς ἤμην. || Θεὸν] + τοῦ θελήματος αὐτοῦ.
18. Om. τὰ ῥήματα.
20. εὐαγγελιζόμενοι] + αὐτοῖς.
21. πολλοὶ] + τοῦ λαοῦ. || τὸν Κύριον] Θεόν.
22. Ἠκούσθη δὲ] Ἔφθη δὲ καὶ ἠκούσθη. || τὰ ὦτα τῆς ἐκκλησίας] τὴν ἐκκλησίαν. || ἐξαπέστειλαν] + πρὸς αὐτούς.
23. ἐκεῖ] πρὸς αὐτούς. || ἐχάρη] + σφόδρα
24. προσετέθη] ἐπίστευσαν.
25. Om. σὺν αὐτῷ.
26. Om. καὶ ἐνιαυτὸν ὅλον. || διδάξαι] βαπτίσαι. || ἐν Ἀντιοχείᾳ] ἐκεῖθεν.
28. εἷς] ἀνήρ. || πνεύματος] ἀποκαλύψεως.
29. Om. ὥρισαν.
30. قد for قدموا, a scribe's blunder. || πρεσβυτέρους] ἱερεῖς.

XII. 3. Om. προσέθετο.
5 Om. ἐκτενῶς. || ὑπὸ] ὑφ' ὅλης.

XII. 7. + ἦλθε πρὸς αὐτὸν. ‖ ἐπάνω αὐτοῦ] ἐπάνω τῆς κεφαλῆς αὐτοῦ. ‖ Om. φῶς. ‖ Om. ὅλῳ. ‖ οἰκήματι] + ὅπου ἦν. ‖ πατάξας] τινάξας. ‖ τὴν πλευρὰν αὐτοῦ] αὐτὸν. ‖ καὶ[3]] ἀναστάντος αὐτοῦ.

9. Om. τὸ γινόμενον. ‖ ἐστιν] + καὶ οὐκ ἔγνω. ‖ διὰ] τὴν ἔλευσιν.... πρὸς αὐτὸν. ‖ Om. γάρ.

10. ἥτις] καὶ ἡ πύλη. ‖ ἄγγελος] + Θεοῦ.

14. χαρᾶς] + τῆς μεγάλης.

15. εἶπαν] + Τί ἔχεις;

17. πῶς] + ἦλθεν πρὸς αὐτὸν ὁ ἄγγελος καὶ πῶς. ‖ καὶ] + πᾶσι.

18. τάραχος] + καὶ ἔλεγχος.

19. Om. ἐκέλευσεν. ‖ Om. διέτριβεν.

20. Om. καὶ ἦλθον. ‖ αὐτὸν] + οἱ πολῖται.

21. καθίσας] ὑψωθεὶς. ‖ βήματος] + αὐτοῦ.

22. οὐκ] οὐ φωνὴ.

XIII. 1. προφῆται] om. καὶ.

4. ἀπέπλευσαν ἕως] + ἦλθον.

5. πόλει] + καλουμένῃ.

8. Ἐλύμας] Ἄπιστος.

9. Om. δὲ.

10. διαβόλου] + τοῦ πανούργου ‖ Om. πάσης. ‖ Κυρίου] Θεοῦ.

11. χεὶρ] ὀργὴ.

13. ἦλθον] + ἕως ἔφθασαν.

14. Om. δὲ. ‖ συναγωγὴν] + τῶν Ἰουδαίων.

22. αὐτὸν] + ὁ Θεὸς. ‖ ἤγειρεν] + ἀντ᾽ αὐτοῦ.

23. ἐπαγγελίαν] + αὐτοῖς.

24. Om. τῆς εἰσόδου.

25. ἐπλήρου] ἦν...εἰς. ‖ ἐγὼ] + ὁ Χριστὸς. ‖ Om. ἰδού.

27. κρίναντες] + καὶ παραδόντες αὐτὸν.

32. Om. νῦν. ‖ τῷ ψαλμῷ...τῷ δευτέρῳ] τῇ προφητείᾳ τοῦ ψαλμοῦ τοῦ δευτέρου.

36. ὑπηρετήσας] ποιήσας.

38, 40. Om. οὖν.

39. τούτῳ] Ἰησοῦ. ‖ Om. πάντων. ‖ Om. πᾶς.

42. Ἐξιόντων δὲ] Θελόντων δὲ ἐξιέναι. ‖ παρεκάλουν] + αὐτοὺς παραμένειν καὶ.

43. τῶν[2]] + ἀνθρώπων. ‖ Om. προσλαλοῦντες.

44. ἐρχομένῳ] εἰσερχομένῳ. ‖ Om. πᾶσα. ‖ ἡ πόλις] οἱ πολῖται.

XIII. 45. ὄχλους] + ἀνθρώπων. || τοῖς ὑπὸ Παύλου λαλουμένοις] Παύλῳ καὶ Βαρνάβᾳ.

46. εἶπαν] + αὐτοῖς. || Om. πρῶτον.

47. Om. γὰρ.

49. ὅλης τῆς χώρας] ὅλων τῶν κατοικούντων τὴν χώραν.

50. ἐπήγειραν διωγμὸν ἐπὶ] ἐδίωξαν.

XIV. 1. Om. οὕτως.

2. ἐπήγειραν] + ἐπ' αὐτοῖς τινας. || τοὺς ἀδελφοὺς] αὐτούς.

4. Om. πᾶς. || δὲ] + περὶ τούτου. || σὺν] τῇ γνώμῃ *bis*.

6. ἐξῆλθον] + ἐκεῖθεν.

10. Σοὶ λέγω] + ὦ ἄνθρωπε || For فلم read قام.

12. Παῦλον] + ἐκάλουν.

13. πρὸ] + τοῦ προαστείου. || πυλῶνας] om. τῆς αὐλῆς. || ἐνέγκας] + πρὸς αὐτούς.

14. ἐξεπήδησαν] ἐξῆλθον. || For بالقوم read يا قوم.

15. ἄνθρωποι] + ἐλθόντες. || ὑμᾶς] + νῦν. || ζῶντα] + ἐγγίζειν.

16. ὁδοῖς] + ταῖς ἠγαπημέναις.

17. καθιεὶς] + αὐτοῖς. || καρποφόρους] + διπλάζων αὐτοῖς τροφὴν καί. || Om. τροφῆς.

19. ὄχλους] + τῆς χώρας. || ἔσυρον] ἕως ἐξήγαγον. || Om. διότι

20. εἰσῆλθεν] + σὺν αὐτοῖς. || Βαρνάβᾳ] om. καὶ ἔφθασαν.

21. μαθητεύσαντες] βαπτίσαντες. || ἱκανοὺς] + αὐτῶν. || ὑπέστρεψαν] om. καὶ ἦλθον.

22. Om παρακαλοῦντες. || δεῖ] + ἡμᾶς.

23. Om. αὐτοῖς. || πρεσβυτέρους] ἱερεῖς. || νηστειῶν] + οὕτως.

25. κατέβησαν] + ἐκεῖθεν.

26. Om. καὶ ἦλθον εἰς Ἀντιόχειαν. || Κυρίου] Θεοῦ.

27. ὅτι] πῶς.

28. Om. πολὺν. || μαθηταῖς] ἀποστόλοις.

XV. 1. Καὶ] Ἐν ταῖς ἡμέραις ταύταις || Om. δὲ. || ἀδελφοὺς] + νομίζετε.

2. Om. πολλῆς. || πρεσβυτέρους] ἱερεῖς *passim* + τῆς ἐκκλησίας.

3. ἐκκλησίας] + ὅλης. || ἐκδιηγούμενοι] + αὐτοῖς. || ἐποίουν χαρὰν] ἐγένετο χαρά. || πᾶσι τοῖς ἀδελφοῖς] αὐτοῖς.

4. ἀπὸ] + πάσης.

5. αὐτοὺς] ὑμᾶς. || παραγγέλλειν] + τῷ λαῷ.

7. ἐπίστασθε] + καὶ ἐδείχθη ὑμῖν.

8. Θεὸς] Κύριος. || καὶ ὁ] + τῶν μυστηρίων. || καὶ[2]] + ἔδωκεν.

XV. 12. *ἐξηγουμένων*] + *αὐτοῖς*.
13. *ἀνέστη*] *ἤνοιξε...τὸ στόμα αὐτοῦ*. ‖ *μου*] + *λέγοντος ὑμῖν*.
15. *οἱ λόγοι*] *ἡ προφητεία*. ‖ *γέγραπται*] + *λέγων*.
16. Om. *τὰ κατεστραμμένα αὐτῆς*. ‖ Om. *καὶ ἀνοικοδομήσω*.
17. *Κύριον*] *Θεὸν*.
19. *λέγω*] + *ὑμῖν*.
20. *αὐτοῖς*] + *καὶ κελεύειν*.
22. *Σίλαν*] om. *ἄνδρας*.
23. *οὕτως*] *ἐν τοῖς ῥήμασι τούτοις*.
24. *ἐξῆλθαν*] *ἦλθαν πρὸς ὑμᾶς*. ‖ *λέγοντες*] + *ὑμῖν*.
25. *ἄνδρας*] + *ἐξ ἡμῶν*.
29. *πράξετε*] + *στῆτε*.
30. *συναγαγόντες*] + *αὐτοῖς*. ‖ *ἐπέδωκαν*] + *αὐτοῖς*.
31. *δὲ*] + *αὐτοῖς*.
32. *τοὺς ἀδελφοὺς*] *αὐτοὺς*.
35. *ἑτέρων*] *μαθητῶν*.
36. *Παῦλος*] + *Δεῦτε*.
38. *συνπαραλαβεῖν τοῦτον*] *τοῦτο*.
39. Om. *παροξυσμὸς*.
40. *Σίλαν*] + *συνοδεύειν αὐτῷ*.

XVI. 2. *ἐμαρτυρεῖτο*] + *καλῶς*. ‖ *ἀδελφῶν*] *μαθητῶν*.
3. Om. *ἅπαντες*.
4. *αὐτοῖς*] *τοῖς κατοικοῦσι*. ‖ *πρεσβυτέρων*] *ἱερέων*.
5. *ἐπερίσσευον*] *καὶ ηὔξανον*.
6 *Θεοῦ*] *τοῦ Κυρίου*.
7. *ἐλθόντες*] *καταβάντες*
8. *ἦλθον*] *κατέβησαν*.
10. Om. *εὐθέως*.
13. Om. *ἔξω*. ‖ *ἐφάνη*] *ἦν*.
15. *καὶ*] + *πᾶς*.
18. I adopt اما for لما at the suggestion of Dr Rieu. *ἐξῆλθεν*] + *αὐτῆς*.
20. *στρατηγοῖς*] *στρατηγῷ*.
22. *οἱ στρατηγοὶ*] *ὁ στρατηγὸς*, verbs to correspond.
23. *παραγγείλαντες*] *παραγγείλας*. ‖ Om. *ἀσφαλῶς*.
24. *τὸ ξύλον*] *τὸν σίδηρον*.
25. *μεσονύκτιον*] + *στάντες*.
26. Om. *παραχρῆμα*. ‖ *ἀνέθη*] + *ἀπὸ τῶν ποδῶν αὐτῶν*.

XVI. 29. + Τότε || εἰσεπήδησεν] + πρὸς αὐτούς.

31. τὸν Κύριον Ἰησοῦν] τὸ ὄνομα τοῦ Κυρίου ἡμῶν Ἰησοῦ.

33. Om. παραχρῆμα.

35. οἱ στρατηγοὶ] ὁ στρατηγὸς *passim*.

36. Om ὁ δεσμοφύλαξ. || Om. τοὺς λόγους || Om. ἐξελθόντες.

37. Om. αὐτῷ || ἡμᾶς] + ἐνώπιον πάντων τῶν ἀνθρώπων. || Om. ἀκατακρίτους. || γὰρ] δεῖ οὕτως.

XVII. 2 ἐπὶ σάββατα τρία] τρεῖς ὥρας τῆς ἡμέρας.

3. διανοίγων] + αὐτοῖς

5. ἐλθόντες καὶ ἐπιστάντες] ἐπελθόντες.

6. Om. ἐκεῖ. || ἐκει[2]] σὺν αὐτῷ. || βοῶντες] + καὶ λέγοντες || ἀναστατώσαντες] + ἄνδρες.

7. ἕτερον] + πλὴν Καίσαρος.

10. πόλιν] + καλουμένην.

11. Om. ἐκεῖ. || λόγον] + τοῦ Κυρίου. || ταῦτα] ἃ εἶπον.

12. Om. οὕτως.

13. ταράσσοντες] + ἐπ' αὐτοῖς.

14. ἀδελφοὶ] + γιγνώσκοντες.

15. πόλεως] + καλουμένης.

17. πρὸς] + πάντας.

18. καταγγελεὺς] + ἡμῖν.

22. Om. κατὰ πάντα.

24. Om. γάρ. || Om. ναοῖς.

25. τινος] + τὰ πάντα ὄντα αὐτῷ καί. || πᾶσι] τοῖς ἀνθρώποις.

27. Om. ἑνὸς ἑκάστου.

28. Om γὰρ || ζῶμεν καὶ κινούμεθα] κινούμεθα καὶ ζῶμεν

29. ὑπάρχοντες] νομίζοντες ὑπάρχειν. || χαράγματι] + ποιουμένῃ

30. ἀπαγγέλλει] + πᾶσι. || πάντας] τοὺς ἀνθρώπους.

32. τούτου] + τοῦ λόγου.

XVIII. 2. Πρίσκιλλαν γυναῖκα αὐτοῦ] γυναῖκα αὐτοῦ ὀνόματι Πρίσκιλλαν.

3. σκηνοποιοὶ] σκυτεῖς.

5. αὐτοῖς] καὶ λέγων.

6. ἐγὼ] + ἀφ' ὑμῶν.

8. ἀκούοντες] + τὸν λόγον αὐτοῦ.

12. ὁμοθυμαδὸν] + οἱ Ἰουδαῖοι.

13. οὗτος] + ὁ ἄνθρωπος.

XVIII. 14. Ἰουδαῖοι] + ἐπ' αὐτῷ τῷ ἀνθρώπῳ. ‖ ἀνεσχόμην] ἀκούω.
17. Om. πάντες.
18. ἐξέπλει] + ὑπάγων.
22. κατέβη] + ἐκεῖθεν.
23. Om. καθεξῆς ‖ Φρυγίαν...Γαλατικὴν] Γαλατικὴν...Φρυγίαν.
26. Om. ἀκριβέστερον.
27. παραγενόμενος] + αὐτοῖς ‖ χάριτος] + τοῦ Θεοῦ.
28. Om. γὰρ.

XIX. 2. αὐτοὺς] + λέγων. ‖ Om. πρὸς αὐτόν. ‖ εἰ...ἔστιν] μνήμην. ‖ πνεῦμα²] + ἅγιον.
3. εἶπαν] + αὐτῷ.
4. Om Παῦλος. ‖ μετ' αὐτὸν] μετά με. ‖ Om. Ἰησοῦν.
7. ἄνδρες] ψυχαί.
8. πείθων] + αὐτούς.
10. δύο] + ὁλόκληρα.
12. ὥστε] om. καί.
13. τινες] om. καί.
14. υἱοὶ] + ἀδελφοί.
15. ποιοῦντες.] + καὶ ποιούντων αὐτῶν τοῦτο τὸ ἔργον.
18. ἀναγγέλλοντες] + πάσας.
19. αὐτῶν] τῶν βιβλίων.
25. οὓς] + πάντας. ‖ Ἄνδρες] + νὴ τὴν ἡλικίαν μου. ‖ Om. πᾶσα.
27. αὐτῆς, ἣν] ὅλους τοὺς θεοὺς, τοὺς ὁποίους. The translator has taken ܪܚܡܠܐ as the plural, regardless of the fem. sing. pronouns.
29. ὁμοθυμαδὸν] om. καὶ ἦλθον. ‖ Om. ἁρπάσαντες
33. ἀπολογεῖσθαι] ὁμιλεῖν.
34. κραζόντων] + καὶ λεγόντων.
35. τίς γάρ ἐστιν ἀνθρώπων ὃς οὐ γινώσκει] φήμη ἐστί. ‖ Om. τὴν Ἐφεσίων πόλιν νεωκόρον οὖσαν.

XX. 1. ἀσπασάμενος] βοηθήσας.
2. Om. λόγῳ.
6. πόλεως (after Φιλίππων)] πόλεων sic.
7. Om. τῆς ἑβδομάδος.
8. Om ἐκεῖ. ‖ λαμπάδες] + ἠμμέναι.
9. θυρίδος] + ὑπνωθεὶς καὶ.
13. Om. γὰρ.
15. νήσου] + λεγομένης.

XX. 16. Om. γὰρ. || Παῦλος] + μή.
17. πρεσβυτέρους] ἱερεῖς *passim*.
18. αὐτοῖς] + νὴ τὴν ἡλικίαν μου.
25. βασιλείαν] om. Θεοῦ.
26. + διότι.
28. Χριστοῦ] Θεοῦ.
33. ἱματισμοῦ] + ἀληθῶς.
34. τοῖς οὖσι] ταῖς χρείαις τῶν ὄντων.
37. πάντων] καὶ λύπη.
38. Om τῷ λόγῳ.

XXI. 1. νῆσον] + καλουμένην.
2. Om. ἐκεῖ
3. Om. γὰρ. || Om. τὸν γόμον.
5. πάντων] + τῶν ἀδελφῶν. || ἕως] + ἐξήλθομεν.
10. Om. τις.
11. δήσας] + ταύτῃ
13. Om. γὰρ. || ἀλλὰ] om. καὶ. || Om. χριστοῦ.
14. πειθομένου] ἀπαντῶντος.
16. Om. ἄγοντες.
17. Γενομένων] Εἰσελθόντων.
18. πρεσβύτεροι] ἱερεῖς.
19. Om. καθ' ἓν ἕκαστον.
20. Om. αὐτῷ. || Θεωρεῖς] + δὲ.
21. Om αὐτοῖς.
22. Διὸ οὖν] καὶ ὅτε.
23. ἡμῖν] + ἐνταῦθα.
26. εἰσῄει] + σὺν αὐτοῖς.
29. Om. γὰρ.
31. χιλιάρχῳ τῆς σπείρης] ἄρχοντι τῆς πόλεως.
32. παραλαβὼν] συμπαραλαβὼν. || στρατιώτας καὶ ἑκατοντάρχας] ὁ ἑκατοντάρχης πολλοὺς στρατιώτας.
33. χιλίαρχος] ἄρχων, *passim*.
34. Om. κατ' αὐτοῦ. || τὸ ἀσφαλὲς] ἀπόδειξιν ἀσφαλῆ.
39. δέομαι] + δὲ.
40. λέγων] om. αὐτοῖς.

XXII. 1. + Ἄνδρες.
3 Om. γὰρ. || Om. πάντες.

XXII. 5. ὁ ἀρχιερεὺς] οἱ ἀρχιερεῖς. || ἄξων] om. καὶ
7. Om. μοι
8. εἶπεν] + αὐτῷ.
10. Om. ποιήσω. || Om. πρός με.
12. τις] λεγόμενος.
13. Om. μοι.
15. αὐτῷ] μοι. || ἑώρακας καὶ ἤκουσας] ἤκουσας καὶ ἑώρακας.
17. Om. καὶ ἐλθόντι.
22. Ἤκουον δὲ] + τὸν λόγον. || λέγοντες] κράζοντες. || Om. γάρ.
24. χιλίαρχος] ἄρχων, *passim*. || Om. ἐπ' αὐτῷ.
25. ἑστῶτα] ἐφεστῶτα.
26. Om. γάρ.
28. Om. αὐτῷ. || χιλίαρχος] ἄρχων + Σοὶ λέγω.
29. ἐφοβήθη] ἐξῆλθε.
30. κατηγορεῖται] ἐλέχθη.

XXIII. 1. ἀδελφοὶ] + λέγω ὑμῖν ὅτι.
3. Om. ὁ Παῦλος.
4. παρεστῶτες] ἑστῶτες. || λοιδορεῖς] ἐγγίζεις.
5. Om. αὐτοῖς. || Om. γάρ.
6. Om. Παῦλος. || συνεδρίῳ] + λέγων. || ἐγὼ] + ἀνὴρ.
7. πλῆθος] + τῶν Φαρισαίων καὶ τῶν Σαδδουκαίων.
8. Om. γάρ.
10. χιλίαρχος] ἄρχων, *passim*. || Om. ἐλθόντες.
11. Om. μαρτυρῆσαι.
12. φαγεῖν] + τροφὴν.
14. Om. ἑαυτούς.
17. τῶν ἑκατονταρχῶν] τοῦ ὄχλου. || Om. γάρ.
18. Om. ὁ ἑκατοντάρχης. || τὸν νεανίαν] αὐτὸν. || Om. πρὸς τὸν χιλίαρχον. || Om. ἠρώτησεν. || σὲ] + νομίζων ὅτι.
19. Τί ἐστιν ὃ ἔχεις ἀπαγγεῖλαί μοι;] περὶ τῆς ἱστορίας αὐτοῦ.
20. Om. αὐτῷ. || Om. αὔριον. || ὡς] νομίζοντες. || μέλλων] + ἔτι.
21. μήτε πεῖν] ψώμισμά τι. || Om. νῦν.
22. τὸν νεανίσκον] αὐτὸν. || ἐμὲ] αὐτὸν.
23. τῶν ἑκατονταρχῶν] τοῦ ὄχλου. || διακοσίους] + ἄνδρας.
25. ἣν ἐν αὐτῇ] γεγραμμένην.
29. περὶ] + λόγου. || ἣν] εὗρον.
30. Om. ἥντινα ἐποίησαν κατ' αὐτοῦ. || Om. ἐξαυτῆς. || ἐλθεῖν] ἀναβαίνειν πρός σε.

APPENDIX. 47

XXIII. 31. πόλιν] + λεγομένην.
35. Διακούσομαι] Βλέψω. ‖ τῷ πραιτωρίῳ] τῇ ἐπαρχίᾳ.

XXIV. 1. ῥήτορος] ἀστρολόγου.
3. πολλῆς εἰρήνης] πολλὰ ἔτη, ܪܚܝܐ having been mistaken for ܪܚܝܐ.
4. ἐνκόπτω] + λόγων.
6. χιλίαρχος] ἄρχων, *passim*.
8. Om. δυνήσῃ. ‖ ἀπ' αὐτοῦ] ἀπὸ τοῦ λόγου αὐτοῦ.
9. συνεπέθεντο] om. ἐπ' αὐτῷ.
10. ἀπολογοῦμαι] ἀνταποκρίνομαι.
13. παραστῆσαι] λέγειν. ‖ Om. νυνί.
14. λατρεύω] + Θεῷ.
16. τούτῳ] om. καί.
19. ἔδει] + αὐτοῖς.
21. Om. φωνῆς. ‖ Om. ἑστώς.
22. Om. αὐτοὺς. ‖ ἀκούσω] διαγνώσομαι.
24. Παῦλον] + πρὸς αὐτούς.
25. μέλλοντος] + πολύ.
26. Om. δοθήσεται αὐτῷ.
27. πληρωθείσης] + ἐκεῖ. ‖ Om. τὸν Παῦλον.

XXV. 4. ἀπεκρίθη] + λέγων.
5. Om. οὖν. ‖ ἔστιν ἐν τῷ ἀνδρί] ἐποίησεν ὁ ἀνήρ.
6. ἡμέρας ὀκτὼ ἢ δέκα] νύκτας ὀκτωκαίδεκα.
8. ἀπολογουμένου] λαλοῦντος καὶ λέγοντος.
9. Om. περὶ τούτων.
10. Παῦλος] + Οὔ, ἀλλ'.
14. Om. ὁ Φῆστος. ‖ Om. τις. ‖ ὑπὸ τῶν χειρῶν] ὑπὸ τῆς ἐξουσίας.
15. πρεσβύτεροι] ἄρχοντες. ‖ αἰτούμενοι] + παρ' ἐμοῦ.
16. τόπον τε...λάβοι] δύναται. ‖ ἀπολογίας] + ὑπὲρ ἑαυτοῦ. ‖ περί] + παντός.
17. ἀναβολὴν μηδεμίαν ποιησάμενος] ἦν μοι μέριμνα περὶ τοῦ πράγματος. ‖ ἄνδρα] om. πρός με.
18. οὗ] + ἀντιτασσόμενοι καί. ‖ εὗρον] ἦν. ‖ Om. πονηρῶν δεῖξαι.
19. Om. αὐτοῖς.
20. περὶ τούτων] σὺν τοῖς κατηγόροις σου.
23. χιλιάρχοις] ἄρχουσι.

XXV. 24. Om. *ἄνδρες.* || *μοι*] *αὐτῷ.* || *βοῶντες*] + *κατ' αὐτοῦ.* || Om. *μηκέτι.*

26. Καίσαρι] *αὐτῷ.* || *εὕρω*] *δύναμαι γινώσκειν.*

27. *τὴν ἁμαρτίαν*] *τὴν ἱστορίαν.*

XXVI. 2. Om. Ἀγρίππα. || *ἀπελογεῖτο*] *ἐλάλησε καὶ εἶπε.* || *ἀπολογεῖσθαι*] λαλεῖσθαι ὑπὲρ ἐμαυτοῦ.

3. *ἀκοῦσαι*] + τὸν λόγον.

7. Om. *ἡμῶν.*

10. *ἐν φυλακαῖς κατέκλεισα*] *κατεδίκασα.*

13. Om. *πάντας.*

16. Om. *γὰρ.*

18. *ἐξουσίας*] *ὁδοῦ.*

22. Om. *μελλόντων γίνεσθαι.*

24. *ἀπολογουμένου*] λαλοῦντος. || *φησίν*] + λέγων. || *γράμματα*] + *νὴ τὴν ἡλικίαν μου.*

28. Om. *βασιλεὺς.*

29. *ἀλλὰ*] om. *καὶ.* || *ἀκούοντας*] + τὸν λόγον.

30. Om. *καὶ ὁ ἡγεμὼν.*

31. Om. *ἐκεῖθεν.* || Om. *πράσσει ὁ ἄνθρωπος.*

XXVII. 1. *ἔκρινεν*] om. *περὶ αὐτοῦ.*

3. *ἑκατοντάρχης*] *ἀνθύπατος, passim.* || *ἐπιμελείας*] + *παρ' αὐτοῖς.*

6. Om. *ἐκεῖ* || Om. *ὁ ἑκατοντάρχης.*

7. Om. *ἡμέραις.*

9. *ἕως*] om. *τῆς ἡμέρας.* || Om. *ἤδη.*

10. *τοῦ φορτίου τοῦ πλοίου ἡμῶν*] *τοῦ πλοίου καὶ τοῦ φορτίου αὐτοῦ.*

11. *τῷ κυβερνήτῃ*] *τῷ λόγῳ τοῦ κυβερνήτου.*

12. Om *εἴ πως δύναιντο καταντήσαντες...παραχειμάσαι.*

15. *ἐπιδόντες*] *ἀπηλπίσομεν.*

17. *πλοῖον*] + *καὶ τὰ σχοινία αὐτῆς.*

21. Om. *ἐν μέσῳ αὐτῶν.*

22. *εὐθυμεῖν*] + *ὑπὲρ τῆς τύχης ὑμῶν.*

23. *γάρ*] + *μοι.*

25. Om. *γὰρ.*

29. *ηὔχοντο*] + *τῷ Θεῷ.* || *γενέσθαι*] + *ἡμῖν.*

30. Om. *ἔλθωσι εἰς αὐτὴν.*

31. *στρατιώταις*] + Λέγω *ὑμῖν.* || *σωθῆναι οὐ δύνασθε*] *σωθήσεσθε.*

33. *παρεκάλει*] *οὐκ ἐπαύσατο παρακαλεῖν* || Om. *ἅπαντας.*

XXVII 34. σωτηρίας] ἰσχύος. || θρὶξ] + μία.
38. Om. τροφῆς. || σῖτον] + τὸν σὺν αὐτοῖς.
39. Om. κόλπον. || Om. αἰγιαλὸν.
42. Om. ἀπ' αὐτῶν.
43. δυναμένους κολυμβᾷν] κολυμβῶντας.
44. ἐπὶ[2]] om. ἄλλων.

XXVIII. 2. Om. πάντας.
3. Om. πλῆθος.
4. κρεμάμενον] κρεμαμένην τὴν ἔχιδναν.
5. ἔρριψε τὴν ἔχιδναν] ἔπεσεν ἡ ἔχιδνα.
7. τόπον] πόλιν. || νήσου] + ταύτης.
9. Om. οἱ λοιποὶ. || προσήρχοντο] om. αὐτῷ
11. Om. τὸ σημεῖον.
16. ἐπέτρεψε] εἶπεν. || ἑκατοντάρχης] ἀνθύπατος.
17. ἀδελφοὶ] + λέγω ὑμῖν.
19. τοῦ ἔθνους μου] αὐτῶν.
20. ταῦτα] ὃ ἤδη ἠκούσατε. || Om. γὰρ.
23. Om. καὶ ἦλθαν. || πλείονες] + αὐτῶν. || οἷς] + ἤρξατο καὶ.
25. τοῦ στόματος] τῆς γλώσσης.
27. Om. γὰρ. || τοὺς ὀφθαλμοὺς] τὸν λύχνον τῶν ὀφθαλμῶν.
28. οὖν] βεβαίως.
29. Om. γὰρ. || ἀπεδέχετο] om ἐκεῖ.
Colophon. μακαρίων] δώδεκα || αὕτη ἐστὶν ἡ ἱστορία αὐτῶν] τῷ βοηθοῦντι καὶ φυλάσσοντι Θεῷ ἡ δόξα.

JAMES.

I. 2. ποικίλοις] βιαίοις.
4. ἔργον] χαρὰν.
5. Om. ὑμῶν.
11, 13. Om. γὰρ.
21. For والخباثة read وبالخباثة.
25. μακάριος] χάρισμα αὐτῷ. عطية is distinct in the photograph, but it must be a scribe's error for غبطة.

II. 2, 11. Om. γὰρ.
21. Om. Ἰσαάκ.

III. 6. ὡς δάσος] + καλάμων. ‖ τοῖς μέλεσιν] τῷ σώματι.
7. Om. γάρ.
9. Om γὰρ ‖ Κύριον] Θεόν. ‖ Om. γεγονότας.
10. κατάρας καὶ εὐλογίας] εὐλογίας καὶ κατάρας.
11. Om. ὕδωρ. ‖ πικρὸν] + ὁμοῦ.
12. ἀδελφοὶ] + δένδρον. ‖ οὔτε] om. δύναται ‖ ποιῆσαι] γίνεσθαι
15. τῆς ψυχῆς] τοῦ σώματος. ‖ διαβόλων] τοῦ Διαβόλου.
17. Om. δὲ.
18. εἰρήνῃ] χρηστότητι.

IV. 1. μέλεσιν] σώμασι.
4. Om. οὖν.
6. Om. δὲ.
7. Om. οὖν
11. αὐτοῦ] + οὕτως.
12. Om γὰρ. ‖ Om. δὲ.
14. Om. γὰρ.

V. 3. ἐθησαυρίσατε] Om. ὑμῖν.
4. τὰς χώρας] τὰ σπόριμα. ‖ κράζει] + καθ' ὑμῶν. ‖ θερισάντων] ἐργατῶν.
12. Om. δὲ.
14. πρεσβυτέρους] ἱερεῖς.
16. Om. δὲ. ‖ πολὺ] om. γὰρ.
Colophon ἀποστόλου] + καὶ ἐγράφη ἀπὸ τῶν Ἱεροσολύμων.

I PETER.

Rubric. Om. πάλιν ‖ Πέτρου] Σίμωνος. ‖ Om. Σίμωνος Πέτρου
I. 1. + Σίμων.
3. ἀναστάσεως] om. τοῦ Κυρίου
7, 13. ἀποκαλύψει] παρουσίᾳ
14. ἐπιθυμίαις] + ὑμῶν.
19. ἀμώμου] + ἔλεγχος.
20. καταβολῆς] δημιουργίας.
21. καὶ δόξαν αὐτῷ δόντα, ὥστε τὴν πίστιν ὑμῶν] καὶ αὐτῷ τὴν δόξαν τῆς πίστεως ὑμῶν δόντα, ὥστε This seems to be from inattention to the punctuation of the Syriac
23. λόγου ζῶντος Θεοῦ] λόγου Θεοῦ ζῶντος.

APPENDIX

II 1 Om. οὖν.
2. ἀρτιγέννητα] ἀπογεγαλακτισμένα. ‖ الل is superfluous
5. ἀνενέγκαι] + πνευματικάς.
6 Om γὰρ.
7 Om. οὖν.
9. ἱερατικὴ] ἠρημένη.
11. τῆς ψυχῆς] τοῦ σώματος.
12. Om. λόγους.
21. Om. γὰρ. ‖ ἵνα] + καὶ ὑμεῖς.
25. Om. νῦν.

III. 5. Om. γὰρ.
6. ὑπήκουεν] ἐτίμησε.
8 ὁμόφρονες] ἀγαπῶντες
9 Om ταπεινόφρονες. ‖ Om. ὅτι.
10 Om. οὖν.
13. τίς ὁ κακώσων] οὔτις δύναται κακῶσαι
17 Om οὖν
18 ὅτι] om. καὶ.
20 ἡμέραις] καιρῷ. ‖ γινομένης] κατασκευαζομένης. ‖ Om μόνον.
21 ἐξομολογεῖτε] πιστεύετε.

IV. 1, 2 Om. οὖν.
3. Om. γὰρ.
4 Om ἰδοὺ.
5. νεκροὺς καὶ ζῶντας] ζῶντας καὶ νεκρούς.
6. Om. γὰρ.
8. ἐκτενῆ] τελείαν. ‖ Om. γὰρ
11. Om. ἀμὴν.
12. ὑμῖν³] + ἀληθῶς.
13. ἀποκαλύψει] παρουσίᾳ.
14. τῆς δόξης τοῦ Θεοῦ] τοῦ Θεοῦ τοῦ ἐνδόξου
19. παρατιθέσθωσαν] om. αὐτῷ.

V. 1. Om. δὲ. ‖ πρεσβυτέρους] ἱερεῖς. ‖ συνπρεσβύτερος] συνιερεύς.
4. φανερωθέντος] ἐλθόντος.
6. Om. οὖν.
9. Om. οὖν. ‖ κόσμῳ] + τούτῳ.
10. Om. δὲ.

V 12. Θεοῦ] + εὔνοιαν.

14 Om ὑμῖν.

Colophon. Om. πάλιν. ‖ Om πρώτη ‖ Πέτρου Ἀποστόλου] Σίμωνος Πέτρου καὶ ἐγράφη ἀπὸ Ῥώμης.

II PETER.

(From Pococke)

Rubric δευτέρα] + Σίμωνος.

I. 1. δοῦλος] + καὶ ἀπόστολος.

2. بایة, Merx بابیه. ‖ καὶ εὐσέβειαν] ἐν εὐσεβείᾳ بخشیة, Merx خشیه, photograph illegible. ‖ تعطانا, clear in photo. Merx یعط ‖ For بـ read بایة. The MS is here very indistinct, but I am convinced of this word being بایة, from the Syriac being ܒܚܫܘܕܐ, which is translated بایة in other places See v. 8 and II. 20

4 κοινωνοί] βοηθοί. ‖ φύσεως] χάριτος.

5. وذلك, photo clear, Merx فدلك. ‖ زیدوا, photo clear, though Dr Merx says the MS has ذیدوا. ر and ز in the whole of this MS. are curved a little, and would be د and ذ respectively in a modern hand, but the real د and ذ are always turned back at the top, and it is easy to know one from the other by bearing this in mind ‖ Om δὲ ‖ Om. πᾶσαν.

8. اذا کن, Merx اذ اکثر, erroneously, for the photo is clear. ‖ εὑρεθέντα] ὑπάρχοντα. ‖ ایضا, very clear, though Merx says it is ابضا

9. εὑρεθῇ] πάρεστιν.

11 Om γὰρ

12. اجـدر, which Dr Merx changes to اجـدد, this seems to me unnecessary, the Syriac being ܕܠ.

15 σπουδάσατε] σπουδάσω.

16. Om γὰρ. ‖ ἐξακολουθήσαντες] + ἀλλ᾽ ‖ ἀλλ᾽] καὶ τοῦτο ὅταν.

17. Om. γὰρ. ‖ Om. πατρός.

19. βεβαιότερον] ταύτην τὴν βεβαίωσιν.

21. انبا, Merx ابنا, perhaps rightly, as in the photograph the dots look uncertain. ‖ ἀπὸ] εὐαγγέλιον. ‖ ἄνθρωποι] προφῆται?

II. 3. I regret that I did not leave بنخس in the text, though Dr Merx seems to disapprove of it.

4. Om. γὰρ. ‖ ἔρριψε] ἔδησε. ‖ ζόφου] ἄχους

5 κήρυκα] εἰς ἀκοήν. ‖ الطـوفـان, which Dr Merx says is الطوفان in the MS., but my photograph shews that the dot beneath belongs to

APPENDIX 53

الـمنافقين in the line below, the place where the dot on the ة of الطوفان would be being covered by the tail of a ع

6 + καί.

8 Om. γάρ. ‖ ὁ δίκαιος] ἐκεῖνος ὁ δίκαιος. ‖ يضيق, Merx يدنق

9 Κύριος] ὁ Θεός. ‖ ويقر, visible in photo. Merx adopts ويقى supposing that the MS has وبعر ‖ μάλιστα is made by the Arabic punctuation to qualify κολαζομένους.

10. ὀπίσω σαρκὸς ἐν ἐπιθυμίαις μιασμοῦ] ὀπίσω τῶν ἐπιθυμιῶν τοῦ σώματος τοῦ μεμιαμμένου.

12. ἀδικίας] τῆς ἀδικίας αὐτῶν.

13. For ἀγάπαις or ἀπάταις of the Greek texts, the Arabic has ἐνδύμασι, as in Pococke

14. تنقض, very clear in photo, though Dr Merx prefers تنقص.

15. Om. εὐθεῖαν. ‖ πορευθέντες] + τῇ στάσει. ‖ بلغم photo distinct, Merx بلعم.

16. ἔλεγξιν] ἐλέγχοντα

17. ὁμίχλαι, correct no doubt, as ܚܬܒ must be a scribe's blunder for ܚܒܝ. ‖ ἄνωθεν for ܠܚܠܝ, another blunder for ܚܠܠܝ λαίλαπος. ‖ ὁ ζόφος] τὸ ἄχος

18. γέλωτα] ὑπέρογκα, the translator seems to have read ܠܓܚܣܝܟܐ ‖ ὀλίγως] πρὸ ὀλίγου. ‖ Om ἀπο

19. Om. γάρ

21. Om. γάρ. ‖ قد clear in photo, Merx omits it.

22. ἐξέραμα] + καί ‖ κυλισμὸν βορβόρου] βόρβορον

III. 1 δευτέραν ἐπιστολήν] δύο ἐπιστολάς. ‖ εἰλικρινῆ] εἰλικρινεῖ, qualifying ὑπομνήσει.

3. ἐμπαῖκται ἐμπαιξόμενοι] στάσει στασιάσοντες.

4. Om. γάρ. ‖ ἐκοιμήθησαν] ἀπέθανον.

6. τότε] πρῶτος.

7. والارض, very plain in photo, Merx supposes it is ولارض

8. الواحدة also plain, Merx الوحده.

10. οὐρανοί] + καὶ ἡ γῆ. ‖ στοιχεῖα] ἄστρα. ‖ οὐχ εὑρεθήσεται] περιλείπεται.

11. ἁγίαις ἀναστροφαῖς] ἁγίοις ἔργοις.

12. στοιχεῖα] ἄστρα. ‖ ينسلن very plain in photo, Mrs Burkitt ينسان.

13. Om. δέ.

14. εὑρεθῆναι] εἶναι

III. 16. Om ὡς ‖ ثبات, very plain in photo, though Merx thinks it is ثباب, and says "liegt kein Grund zu einer Aenderung in ثبات vor."

17. στηριγμοῦ] ὕψους

18. Om. καὶ pr. νῦν. ‖ ἡμέρας] τέλος.

Colophon. δευτέρα] Σίμωνος. ‖ ἀποστόλου] ἄρχοντος τῶν ἀποστόλων.

I JOHN.

(*From the Peshitta*)

Rubric. Om πάλιν

I. 3 Om. μετὰ².

II 2 Om γὰρ
5 ἐν αὐτῷ ἐσμέν] ἐν ἡμῖν ἐστί.
9. Om. οὖν.
10 + ἀλλ'.
15. Om. γὰρ. ‖ πατρὸς] Θεοῦ.
26. Om. δὲ.
27 Om. ὡς. ‖ ἐδόθη] ελάβετε.
28 φανερωθῇ] ἔλθῃ

III. 2, 4. Om. δὲ.
2. φανερωθῇ] ἔλθῃ.
5 καὶ οἴδατε] οὐκ οἴδατε; ‖ ἐφανερώθη] ὃς ἦλθεν ‖ Om καὶ.
9. σπέρμα] ῥίζα.
10. ἐν τούτῳ] διὰ τοῦτο.
12 τὰ δὲ τοῦ ἀδελφοῦ αὐτοῦ δίκαια] ὁ δὲ ἀδελφὸς αὐτοῦ δίκαιος.
15 πᾶς] om. γὰρ.
17. κόσμου] + τούτου
20 ἐὰν] + οὐ *sic*

IV 2, 3 ὁμολογεῖ] πιστεύει.
9. Om. ὁ Θεὸς.
15. ὁμολογήσῃ] πιστεύσῃ.
16. ἣν ἔχει ὁ Θεὸς] τοῦ Θεοῦ. ‖ ὁ] om. γὰρ.
20. Om. γὰρ.

V. 2. Θεοῦ] ἀνθρώπου.
3, 5. Om. γὰρ.

V. 6. *αἵματος*] + *καὶ πνεύματος.* || *αἵματι*] + *καὶ ἐν τῷ πνεύματι.*

7. Om. *ἐν τῷ οὐρανῷ, ὁ Πατὴρ ὁ Λόγος καὶ τὸ Ἅγιον Πνεῦμα, καὶ οὗτοι οἱ τρεῖς ἕν εἰσι.*

8. Om. *ἐν τῇ γῇ.*

14. *ἡ παρρησία*] *ὁ πόθος.*

16. *ἔστιν*] + *μεγάλη.*

17. Om. *γάρ.* || *ἔστιν*] + *μεγάλη.*

18. Om. *ἀλλ'.*

Colophon. Om. *πρώτη.* || + *καὶ ἐγράφη ἀπὸ Ἐφέσου.*

II JOHN

(*From Pococke*)

Rubric. *Ἰωάννου*] + *τοῦ Ἀποστόλου*

1. *ὁ Πρεσβύτερος*] *ἀπὸ τοῦ Πρεσβυτέρου* || Om *ἐκλεκτῇ* || بيتها, Merx بنتها. || فليس, clear in photo. Merx وليس

3 *παρὰ* [2]] + *τοῦ Κυρίου.*

4. *εὕρηκα*] *εἶδον.*

5 Om *ἐρωτῶ σε.* || *οὐχ*] + *ὡς.*

7. *ὁμολογοῦντες*] *πιστεύοντες*

9. *ὁ* [2]] + *δὲ.*

10 *χαίρειν*] + *καὶ ἀγαλλιαθῆναι.*

11. شريك, very clear in photo, though Merx supposes it to be سريك.

12 *ἔχων*] *θέλων* || *ἐβουλήθην*] + *δὲ* || *μέλανος*] + *γίνεσθαι τοῦτο* || *λαλήσομεν*] *λαλήσω*

13 يقريكم, Merx يقرونكم || Om *ἡ χάρις μεθ' ἡμῶν*

Colophon. Om. *δευτέρα*

III JOHN.

Rubric الثانية evidently a mistake Dr Merx puts this sentence as an additional colophon to the preceding epistle, but there is half a line of ornament between them, whereas it is separated from the text following merely by a little double comma, such as is used throughout the whole MS. || *Ἰωάννου*] + *τοῦ Ἀποστόλου*

1 *ὁ Πρεσβύτερυς*] *ἀπὸ τοῦ Πρεσβυτέρου.*

3 I consider *γὰρ* to be represented by بحق as in some previous passages Dr Merx takes a different view. || *μαρτυρούντων*] + *μοι.*

6 *ποιήσεις*] + *προπέμψας*, تزودهم, photo clear. Merx ترودهم

8. Om. *οὖν*.

9 *αὐτῶν*] *ὑμῶν* ‖ *Διοτρέφης*] *Διοφρέτης*. ‖ Om. *ἡμᾶς*.

10. *ἔλθῃ*] + *πρὸς ὑμᾶς* ‖ *ὑπομνήσθητι*] *ὑπομνήσθητε* ‖ *ἐπισκέπτεται*] *ἐπιβάλλει* ‖ *ἀρκούμενος αὐτῷ*] *ἀρκούμενος ἡμῖν*. ‖ Om. *ἔτι*.

12. *οἴδατε*] *οἶδα*

13. *εἶχον*] *ἤθελον*. ‖ *καλάμου*] om. *σοι*.

Colophon. Om. *τρίτην* ‖ Om. *αἱ προσευχαὶ αὐτοῦ μεθ' ἡμῶν*. *'Αμήν*

JUDE.

Rubric Om. *ἀδελφοῦ 'Ιακώβου, ἐπισκόπου*

1. *'Ιησοῦ Χριστοῦ δοῦλος, ἀδελφὸς δὲ 'Ιακώβου*] *ἀδελφὸς 'Ιακωβου δούλου 'Ιησοῦ Χριστοῦ*.

3 *ποιούμενος*] *μου δείξας* ‖ حتى, very clear in photo Merx حين.

4 *κρίμα*] *κόλασμα* ‖ *τὸν δεσπότην Θεὸν*] *Θεὸν τὸν δεσπότην* + *καὶ*.

6. *ἀγνώστοις*] *ἀοράτοις*, both for Greek *ἀιδίοις*. ‖ *ζόφον*] *ἄχος*.

7. *σαρκὸς*] *ἐπιθυμιῶν*.

8 *ὕπνῳ*] *ὄψει*.

9. Om. *δὲ*. ‖ *Σατανᾶ*] + *ὁ διάβολος*. ‖ *ἐτόλμησεν*] *ἔσπευσεν*. ‖ ولاكن, photo very distinct. Merx فلاكن ‖ *ἐπιτιμήσαι*] *ἀναχωρήσαι*.

10. *ὡς τὰ*] + *ἄλογα*

11 وهلكوا, clear in photo, though Merx thinks the MS may have وهلدوا. The shortness of the upper limb of ك in this MS might lead a stranger to mistake it for د, which is, however, always turned back at the top. To my eye this ك is like numerous other *Kafs* and moreover is joined to the following letter. ‖ *τῇ πλάνῃ τοῦ Βαλαὰμ μισθοῦ*] *τῷ μισθῷ τῆς πλάνης Βαλαάμ*.

12. *ταῖς ἀγάπαις*] *τῇ ἐπιθυμίᾳ* ‖ *συνευωχούμενοι*] *μετέχουσι*. ‖ انتفض, Dr Merx wishes for انتقض or انتقص, but انتفض is clear, so *φθινοπωρινὰ*] *ῥίπτοντα τὴν ὀπώραν*. ‖ The ق in this MS. has a dot below it instead of two above it, whereas the ف of انتفض has only one dot above.

13 *ζόφος*] *ἄχος*

14 Om *δὲ* ‖ *τούτοις*] *περὶ τούτων* ‖ *ἕβδομος*] *ἑπτὰ* ‖ *μυριάσιν*] *πολλοῖς*

16 يرغمون, visible in photo Merx يزغمون, which is not so appropriate ‖ *μεμψίμοιροι*] *σπαράσσοντες* ‖ *ὑπέρογκα*] *κακὰ*

18 يستفزون, quite clear in photo Merx supposes it to be written يستفذون, erroneously, as ذ and ذ are never written throughout the whole of

APPENDIX.

this MS. without being turned back at the top; therefore ἐμπαῖκται] στασιάσοντες as in II Peter iii 3. ‖ الجرم cannot be seen in the photo, but so I copied it from the MS. Merx الحرام.

19, 21 ψυχικοὶ] ψυχαί. ‖ نحتفظ, تجددوا, as Merx guesses, but Mrs Burkitt تحتفظ, تحددوا.

22. οὓς] τὰ ἱμάτια a mistake of ܠܒܘܫܝܗܘܢ for ܠܗܘܢ. ‖ ترحم Merx, ترحموا ‖ اخطف Merx [اخطفوا.

24. Om. δέ.

25. Om. καὶ pr. νῦν.

Colophon. Om. ἀδελφοῦ Ἰακώβου καὶ Ἰωσῆ + καὶ ἔγραψεν ὁ ἁμαρτωλὸς Μωυσῆς ὁ μοναχὸς τὰς Πράξεις καὶ τὰς ἑπτὰ ἐπιστολὰς καὶ τῷ βοηθοῦντι καὶ φυλάσσοντι Θεῷ ἡ δόξα καὶ ἡ τιμὴ καὶ τὸ κράτος. ‖ [والكرامة] Merx والصلاه. I cannot be perfectly sure about this last page of the Epistles, f. 99 b, as my copy is imperfect and I have unfortunately lost its photograph. I made a fruitless attempt to get another through a recent visitor to Sinai, and have been obliged to supply some of the *lacunae* from Mrs Burkitt's copy. I think that f. 100 a must be a blank page.

---

f. 101 b was blank, but has been covered with writing in a different hand.

p. ٧٣, line 4. واما, very distinct in photo. Merx فاما. ‖ l. 7. لشيخ. l 8. الشيخ. l. 9. شيخ, the dots on the final letters of these words are distinctly seen in my photos, although Dr Merx says "MS hier und im Folgenden mit ح." ‖ Also l 10 بالتسبيح. I can see the *yod* where Merx says it is بالتسبح. ‖ l 13 يحرق الظلم, very clear in photo, where Merx says it is بحرق الظلم in the MS. ‖ l. 15. السبح, legible in photo, where Mrs Burkitt has read الشيخ.

p. ٨٠, l. 3. As the final ﻩ is written in this MS. without dots, it is possible that غيرة should be غيره, in which case the passage should be translated, "enmity from their neighbours and other men," instead of "enmity from their neighbours and jealousy from men."

I have followed Dr Merx's opinion in taking no notice of Syriac possessive pronouns in such expressions as ܒܪܗ.

LIST OF UNUSUAL WORDS AND EXPRESSIONS.

Arabic verbs in third pers. sing. pret. Greek in first pers. sing. indic. present

ايهم p. ٩٧ l. 15.
ايتك p. ٩٨ l. 2.
استايس ἐπιδοὺς φέρομαι Acts xxvii. 15.
بلاجة الوجه παρρησία I John ii. 28.
بيانة *proof* Acts xxiii. 15.
ثمنية *eight* p. ٧٩ l. 19.
حررية ἐλευθερία James i. 25.
حيط τοῖχος Acts xxiii. 3.
خباتة πραΰτης James i. 21, I Peter iii. 15.
خباته القلب ταπεινοφροσύνη I Peter v. 5.
خسرة ζημία Acts xxvii. 10.
خطاي ἄδικος I Peter iii. 18, ἁμαρτωλός Jude 15.
ربك ارى ἐπαφρίζω Jude 13.
ربونى φαρισαῖος Acts xxiii. 6.
ارتجاس θόρυβος Acts xx. 1, στάσις Acts xxiii. 10.
ارتجاف στάσις Acts xxiv. 5.
زهاد *temperance* p. ٩١ l. 1.
سا = سوف Acts xxiii. 35, xxiv. 22, 25, xxvii. 13, p. ٧٥ l. 8, p. ٧٨ l. 23, p. ٨٥ l. 8, p. ٩٨ l. 2.
سدر perhaps Syriac ܣܕܪ Acts xxiii. 1.
سعاية δρόμος Acts xx. 24.
سيد = سادة Acts xxiv. 1.
شبشت *palm branch* p. ١٠١ l. 20.

60 LIST OF UNUSUAL WORDS AND EXPRESSIONS.

اشجب ἐν φυλακαῖς κατακλείω or καταδικάζω Acts xxvi. 10, Syriac ܣܢܬ, v. 11.

شيعة معملة τεχνῖται Acts xix. 38.

اصطبار ὑπομονή James i. 3, 4.

صلاح βοήθεια Acts xxvii. 17, Syriac ܠܣܢܣܟ = σχίδαξ.

تطريب κῶμος I Peter iv. 3.

طهرا pl. of طهير, p. ١٠٧ l. 4.

طوفنانقوس اورقلينذون Εὐρακύλων Acts xxvii. 14.

عجل τροχός James iii. 6.

اعضد ἀσπάζομαι Acts xx. 1.

تعانى λέγω κακῶς Acts xxiii. 5.

غيرة ζηλωταί I Peter iii. 13.

فتكة μοιχαλίδες James iv. 4.

اقترب λοιδορέω Acts xxiii. 4.

قريبطة λαμπάς Acts xx. 8.

قاضى ἀνθύπατος Acts xviii. 12.

قرقورة σκάφη Acts xxvii. 16, 30.

الداد ἐναντία Acts xxvi. 9.

مرحة τολμηταί II Peter ii. 10.

تمسى πίμπραμαι Acts xxviii. 6.

منتقة = منطقة ζώνη Acts xxi. 11.

نخس πλεονεξία II Peter ii. 3.

ورك النهار μεσημβρία Acts xxii. 6, xxvi. 13.

ريح يمان νότος, Heb. תֵּימָן, Acts xxvii. 13, xxviii. 13.

يمان λίψ Acts xxvii. 12.

يهود Ἰουδαία Acts x. 37, xi. 1, 29, xii. 19, xxviii. 21.

يهوديا Ἰουδαία p. ٩١ l. 20.

CORRIGENDA.

Acts xiv. 10	*for*	فلم	*read*	قام
v. 15	,,	بالقوم	,,	يا قوم
xv. 15	,,	هكتوب	,,	مكتوب
xvii. 4	,,	اناسى	,,	اناس
xix. 29	,,	ان ذلك	,,	اذ ذلك
xxvi. 25	,,	بولسى	,,	بولس
xxvii. 14	*for*	طوفنانقوسى اورقليضون	*read*	طوفنانقوس اورقليذون
James i. 19	*for*	منكو	*read*	منكم
v. 21	,,	والخباثة	,,	وبالخباثة
I Peter v. 12	,,	لامين	,,	الامين
II Peter i. 3	,,	به	,,	باية
ii. 3	,,	وبنجس	,,	وبنخس
I John i. 2	,,	وتكون	,,	ونكرز

page ٧٦, l. 19 and p. ٧٨, l. 16 *for* تنبى *read* تنبا.

www.ingramcontent.com/pod-product-compliance
Lightning Source LLC
Chambersburg PA
CBHW080815190426
43197CB00041B/2813
* 9 7 9 8 3 8 5 2 3 8 2 2 4 *

اعمال الرسل
والرسائل الكثوليكية
والخ

كتاب

اعمال الرسل

والرسائل الكثوليكية

وقول فى تثليث الله الواحد

من النسخة القديمة الموجودة فى دير طور سينا
نسخته واهتمت بتصحيحه الفقيرة الى رحمة الله الغنى
مارغريطا دنلب غبسون

طُبع

فى مطبعة دار الفنون فى كمبريج

١٨٩٩

١ ACTS VII. 37—49

f. 1 a VII. 37 سنة ، هذا موسى الذى قال لبنى اسرايل ، يقيم لكم الله الرب نبى
38 مثلى من اخوتكم اياه فاطيعوا ، [1]هذا الذى كان فى جماعة بنى
اسرايل فى القفر مع الملاك الذى كان يكلمه ، ومع ابانا فى طور
39 سينا ، وهو الذى قبل كلام الحياة ، لان يعطيها ايانا ، فلم يسر ابانا
40 ان يواتونه فتركوه وانقلبوا بقلوبهم الى مصر ، حين قالوا لهارون
صنع لنا الهة ان تسوسونا ، من اجل ان موسى هذا الذى اخرجنا
41 من ارض مصر لا نعلم ما كان منه ، فصاغ لهم فى تلك الايام
42 عجلا ، فذبحوا [2]ذبايح للازلام ، فاخذوا يتلهون بعمل يديهم فانقلب
الله عليهم ودفعهم لنعبدوا اجناد السما كما هو فى نبوة الانبيا ، لم
f 1 b اربعين سنة فى البرية هل قربتم لى فزون او ذبيحة يا بنى
43 اسرايل ولاكن حملتم خيمة ملكوم وكوكب اله رافن تماثيل صنعتم
44 تسجدون لها ، فابعدكم الى منتهى بابل ، وقد كان مسكن شهادة
45 ابانا فى القفر الذى امر الله موسى يصنعه كما وصف له ، وابانا
مع يسوع ادخلوه الى الارض التى اورثهم الله ، حين نزعها من
46 الامم الذين القاهم من امامهم وبلغ ذلك الى عهد داود ، الذى
اتته من قدام الله رافة ، وسال ان يجد مسكنا لاله يعقوب ،
47, 48 وسليمن بنى له بيتا ولم ينزل العلى فى عمل اليدان ، كما قال
49 النبى قال السما كرسى والارض وطا قدمى فاى بيت تبنون لى
قال الرب او اى بلدة

Some leaves missing, probably six.

[1] Cod. هذ [2] Cod. ذبحايح

ACTS IX. 30—X. 3. ٢

f. 2a IX. 30 فارادوا قتله „ فلما استبان للاخوة ذلك اتو به ليلا الى قيسارية „
31 ومن ثم بعثوه الى طرسوس „ اما كنيسة الله التى فى يهود وفى
الجليل والسامرة فكان فيها السلم „ وكانت تبنى وتسلك بخشية
32 الله وتنمى بعزا روح القدس ✤ واذ ذلك اذ كان سمعان يطوف فى
33 المدن „ انحدر ايضا الى الاطهار الذين يسكنون مدينة اللد „ فاذا
هو برجل يقال له يانيوس مخلع مطروح فى السرير منذ ثمان سنين
34 فدعاه باسمه وقال يشفيك يسوع المسيح „ انهض فاحمل سريرك „ ثم
35 انه قام مكانه „ وراه جميع سكان اللد واسرونة فاقبلوا الى الله „ وفى
f 2b 36 تلك الايام كان فى يافا المدينة تلميذة يقال لها طبيثة وكانت
37 غنية بالافعال والصدقات التى كانت تفعل فاشتكت فى تلك الايام „
38 وماتت „ فغسلوها وجعلوها فى علية „ فبلغ السليحين عن سمعان انه
فى مدينة اللد „ التى الى جانب يافا „ فبعثوا اليه رجلين ان ياتيهم
39 عاجلا „ فنهض سمعان وذهب معهم „ فلما اتاهم اطلعوه الى العلية
فاجتمعن اليه الارامل „ واحتوشنه يبكين „ ويذكرن طبيثة لما كانت
40 تهب لهن ثياب فى حياتها „ اذ ذلك امر سمعان ببران الناس عنه „
فخر على ركبته واقبل على الدعا „ ثم اقبل الى الجسد الميت وقال
قومى يا طبيثة „ اذ ذلك فتحت عينيها „ فلما رات سمعان جلست „
f. 3a 41 فناولها سمعان يده واقامها „ ودعى القديسين والارامل „ فدفعها اليهم
42 وهى حية „ وبلغ هذا الامر جميع اهل المدينة „ وكثير امنوا بربنا „
X. 1 43 فاقام فى يافا ايام كثيرة وكان نازل فى بيت سمعان الدباغ „ وكان
فى قيسارية رجل [1]والى يقال له قرنيليوس من كورة يقال لها
2 اطليقية وكان صديقا يخاف الله مع جميع اهله „ وكان كثير
3 الصدقة والخير فى الناس وكان كثير الدعا الى الله „ فارى له ملاك
الله بالريا علانية „ فى تسع ساعات من النهار دخل اليه وقال له

[1] Cod وال *passim*

4 باسمه قرنيليوس „ فنظر اليه وفزع „ وقال ماذا يا ربى „ فقال له الملاك
f. 3b 5 [1]صلاواتك وصدقتك طلعت الى الله ذخرا „ فهات ابعث رجال الى يافا
المدينة „ يجيك سمعان الذى يدعى الصفا „ وهو نازل فى بيت سمعان
6, 7 الدباغ „ الذى على شط البحر „ فلما كلمه الملاك وذهب دعى رجلين
8 من اهل بيته وفلاح يخاف الله من اهل مواتاه „ فاخبرهم كل
9 شى ارى له وبعثهم الى يافا „ فمن الغد وهم بعد فى الطريق عند
ما كانوا قد اشرفوا على المدينه طلع سمعان الى الاجار يصلى
10 فى ست ساعات من النهار „ فغرث فاشتهى طعام „ وعندما كانوا
11 يهيون له وقعت عليه تسكين „ [2]ورا السما منفتحة وثوب قد ربط
باطرافه الاربعة „ وكان يشبه كتانا واسعا يسبسب من السما على
f 4a 12 الارض „ وكان فيه كل ذوات اربع قوايم وهوام الارض وطير السما „
13, 14 وسمع صوت يقول يا سمعان انهض فاذبح وكل „ فقال سمعان اعوذ
15 بك يا رب منذ قط ما دخل فمى دنسا ولا طفسا „ ثم جاه ايضا
16 الصوت المرة الثانية وقال الذى [3]زكاه الله لا تدنسه انت „ فكان
17 ذلك الصوت اليه ثلثة مرار „ فارتفع الثوب الى السما „ فبين ما سمعان
يعجب بينه وبين نفسه ويقول [1]الشى هذا الريا „ اتوه الرجال المرسلين
18 من قرنيليوس يسلون عن البيت الذى كان فيه سماعن نازلا „ فلما
قاموا على الباب كانوا يسلون عن سمعان الدى يقال له الصفا „
19 وحين كان سمعان يفكر بالريا „ قال له روح الله هذا قد اتوك ثلثة
f. 4b 20, 21 نفر يريدونك فانهض اذهب معهم بغير شك „ انا الذى ارسلتهم „ اذ
ذلك نزل سمعان اليهم وقال لهم „ انا هو الذى تريدون „ اخبرونى ما
22 العلة الذى جيتم من اجلها „ قالوا له ارسلنا رجل وال يقال له
قرنيليوس „ رجل بار يخاف الله „ وعليه شهادة حسنة من جميع امة
اليهود „ قيل له بالريا من ملاك الله الطاهر „ ان يبعث ويدخلك الى

[1] Sic in Cod. [2] Sic in Cod. *passim* [3] Cod. ذكاه

23 بيته ، كما يسمع منك كلام الله ، فادخلهم سمعان وقبلهم حيث
كان نازل ✤ ثم ان من الغد انطلق معهم ، وذهب معه اناس
24 من اهل يافا ، ثم من غد ذلك اليوم دخل قيسارية ، وكان قرنيليوس
25 ينتظره ، وكان قد جمع عنده عشيرته واخوانه ، واهل كليه ، فلما
26 دخل سمعان تلقاه قرنيليوس وخر وسجد لقدميه ، فاقامه سمعان f 5a
27 وقال انهض ايها الرجل فانى ايضا انسان انا ، فلما كلمه دخل
28 فاذا هو باناس كثير كانوا قد اتوه ، فقال لهم قد عرفتم انه لا
ينبغى لرجل يهودى يخالط انسان غريب ، ليس من قبيله ، وقد ارانى
29 الله ان لا اقول فى انسان دنسا ولا نجسا ، فلذلك حين بعثتم
30 الي جيت عاجلا ، فاخبرونى لماذا بعثتم الى ان اجيكم ، فقال له
قرنيليوس ، اخبرك ان لى اربعة ايام منذ انا صايم ، وفى تسع
ساعات من النهار وانا اصلى فى بيتى اتانى رجلا فقام بين
31 يديى لابس بياض وقال لى يا قرنيليوس ، قد سمعت صلاتك ،
32 وصدقتك كانت بين يدى الله ذخرا ، ولاكن ابعث الى يافا
المدينة ويجيك سمعان الذى يقال له الصفا ، وهو نازل فى بيت f 5b
33 سمعان الدباغ على شط البحر ، ويجيك ويكلمك ، فمن مكانى بعثت
اليك ، فقد جيت وانت محسن ، فهذا نحن بين يديك ويسرنا ان
34 نسمع منك كل شى امرك الله به ، فانبثق سمعان فتح فمه وقال ،
35 بحق انه قد استبان لى ان الله لا يحانى احدا ، ولاكن كل
36 الامم التى تعبده وتعمل صالحا فهى متقبلة عنده ، فالكلمة التى
بعثها الى بنى اسرايل وبشرهم السلم والامن على يدى يسوع
37 المسيح ، فهذا هو رب كل ، وانتم ايضا قد عرفتم الكلمة التى
كانت فىكل يهود الذى كان بدا من الجليل ، بعد المعمودية
38 التى كرزها يحنا ، عن يسوع الذى من ناصرة ، الذى الله مسحه f. 6a
بروح القدس وبالقوة ، الذى كان يطوف البلاد ويبرى الذين لدغوا

39 من الخبيث „ من اجل ان الله كان معه „ ونحن شهداه على
كل شى صنع فى كل الارض „ فى ارض يهود وفى اورشلم „ ثم
40 ان اليهود علقوه على خشبة وقتلوه „ واقامه الله لثلثة ايام „ [1]واسترى
41 علانية „ ليس لكل الشعب ولاكن لنا الذين اختارنا الله لان نكون
معه وشهدا له „ الذين قد اكلنا معه وشربنا من بعد قيامته من
42 بين الموتى „ واوصانا وقال اكرزوا واشهدوا فى بنى اسرايل „ ان هذا
43 هو الذى اختير من الله ديان الاحيا والاموات „ وعليه تنبوا كل
الانبيا „ وشهدوا وقالوا كل من يومن باسمه تكون له مغفرة
f 6b 44, 45 الخطايا ✤ واذ كان سمعان يكلمهم „ حل عليهم روح القدس فعجبوا
الاخوة المختنين واعتبروا الذين جاوا معه „ حين [2]راوا ان على
46 الامم ايضا فاضت عطية روح القدس „ وسمعوهم يتكلمون بلسان
47 لسان „ وكانوا يعظمون الله „ فقال سمعان لعل يستطيع الما ان
يمنع احدا ان لا يعمدون هولى الذين قبلوا روح القدس „ كما
48 قبلنا نحن „ اذ ذلك امرهم ان يعتمدون „ باسم ربنا يسوع المسيح „
XI. 1 فطلبوا اليه ان يلبث عندهم اياما „ وبلغ ذلك السليحين والاخوة
2 الذين فى يهود „ ان الامم قبلوا كلمة الله „ فلما صعد سمعان
3 الى اورشلم حاكموه اوليك الذين من الختان وقالوا خالط قوم
f. 7a 4 رغل واكل معهم طعاما „ اذ ذلك قال لهم اسمعوا منى يا اخوة „
5 وقد كنت اصلى فى يافا „ فارى لى بالريا „ ثوب نزل من السما
بشبه كتان „ وكان مربوط باربعة زواياه „ ويسبسب من السما ودنى
6 منى „ فنظرت اليه „ فرايت فيه كل ذوات اربع قوايم وهوام الارض
7, 8 وطير السما „ وسمعت صوت تقول يا سمعان انهض فاذبح وكل „ فقلت
9 اعوذ بك يا رب „ لم يدخل فمى قط دنسا ولا طفسا „ وجانى ايضا
10 الصوت من السما „ وقال الذى [3]زكاه الله انت فلا تدنس „ فكان

[1] Sic in Cod. [2] Cod. راو [3] Cod. ذكاه

ذلك الصوت ثلث مرار ، ثم ارتفع الثوب وكل شى الى السما ،
11 اذ ذلك اتانى ثلثة نفرا الذين بعثهم قرنيليوس من قيسارية قيام
f. 7b 12 على باب الدار حيث كنت نازل ، فقال روح الله انهض فاذهب
معهم بلا مشاككة ، وجاوا[1] معى ايضا هولى الاخوة الستة ودخلنا
13 منزل الرجل فاخبرنا كيف اري له فى منزله ملاك الله ، وقال له
14 ابعث الى يافا المدينة يجيك سمعان الذى يقال له الصفا ، وهو
15 يكلمك كلام يكون لك فيه حياة ، ولجميع اهل بيتك ، فلما بديت
16 اكلمهم حل عليهم روح القدس ، كما حل علينا من البدى ، فذكرت
كلمة ربنا الذى قال ، ان يحنا اعمد بما وانتم تعمدون بروح
17 القدس ، فان كان الله بالسوية اعطاها عطيه للشعوب الذين امنوا
بربنا يسوع المسيح ، كما قد اعطاها لنا ، فلعل كنت استطيع
f. 8a 18 ان امنع الله عن ما يريد ، فلما سمعوا ذلك صمتوا وحمدوا الله ،
19 وقالوا لعل الله ايضا اعطى الامم التوبة للحياة ✤ فاما الذين
كانوا افترقوا من الشدة الذى كان اوتى اصطفان كانوا قد بلغوا
الى فونيقية والى بلاد قبرس وانطاكية ، ولم يكن لهم كلام الا
20 مع اليهود فقط ، وكان اناس منهم من قبرس ومن قرينا دخلوا
انطاكية وكانوا يكلمون اليونانيين ويبشرونهم عن ربنا يسوع ،
21 وكانت معهم يد الرب ، وكثير من الناس امنوا واقبلوا الى الله ،
22 فبلغ ذلك واستمع فى كنيسة اورشلم ، فبعثوا اليهم برنبا الى
f. 8b 23 انطاكية ، فلما اتاهم وابصر نعم الله فرح شديدا وكان يطلب
24 اليهم ان يقبلون الى ربنا من كل انفسهم ، من اجل انه كان
رجلا صالحا مستكملا بروح القدس وبالايمان ، فامنوا كثير من
25, 26 الناس بربنا ، وكان خرج الى طرسوس فى طلب شاول ، فلما لقيه
جابه الى انطاكية ، فكانوا جميع مجتمعين فى الكنيسة ، واعمدوا

[1] Cod. وجاو

شعب كثير ، فمن ثم بدا اسم التلاميذ نصارا ، وفى تلك الايام 27
[1]جاوا من اورشلم الى ثم انبيا ، فقام رجل منهم يقال له اغبوس 28
فاخبرهم بالوحى ، انه يكون جوعا شديدا فى كل الارض ، وكان
ذلك الجوع على عهد قولوديوس قيصر ✤ اما التلاميذ فكفاف ما 29
كان لهم من شى كانوا قد وبشروا لخدمة الاخوة الذين يسكنون
فى يهود ، وبعثوا مع برنبا وشاول الى الكهنة الذين ثم ✤ وفى 30 f 9a XII. 1
ذلك الزمان كان قد اخذ اناس من الكنيسة اضرار بهم من هروذس
الملك الذى يكنى اغربوس وقتل يعقوب اخو يحنا بالسيف ، فلما 2, 3
علم ان ذلك يسر اليهود اقبل على سمعان الصفا ، وكان ايام
الفطير فاخذه واسجنه وامر الشرط ستة [2]اعشر رجلا يحرسونه ، كما 4
يسلمه بعد الفصح لشعب اليهود ، فعند ما كان سمعان محبوسا ، 5
كان يدعوا بدله الى الله جماعة الكنيسة ، وفى تلك الليلة التى 6
فيها اراد ان يسلمه من الغد اذ سمعان مضطجعا بين شرطيين
مربوط بسلسلتين واخرين يحرسون على باب السجن جاه ملاك 7
الرب ، وقام فوق راسه وانار البيت الذى كان فيه ، ثم انه حركه f. 9b
واقامه ، وقال له انهض عاجلا ، فلما نهض وقعت السلاسل من يديه ،
وقال له الملاك شد حقويك والبس نعليك ففعل ذلك ، وايضا قال 8
له تردى برداك والحقنى ، فخرج لحقه ولم يكن يعلم انه حق ، 9
وكان ينكر جاية الملاك اليه ، كان يرى انه يرى ريا ، فلما جازوا 10
الفية الاولى والثانية بلغا الى باب الحديد [3]فافتتح الباب بين
بديهم طوعا فلما خرجوا وجازوا سكة واحدة توارى عنه ملاك الله ،
اذ ذلك علم سمعان وقال الان علمت بحق ان الرب بعث ملاكه 11
وخلصنى من يدى هيرودس الملك ومما كانوا يتشاوروا اليهود
علي ، فلما علم جا الى بيت مريم ام يحنا الذى دعى مرقوس ، 12 f. 10a

[1] Cod وجاو [2] Sic in Cod. [3] Cod. فاتفتح

من اجل ان كثير من الاخوة كانوا مجتمعين ثم فى الصلاة „
13, 14 فقرع باب الدار فخرجت تجاوبه جارية تدعى روضة „ فعرفت صوت
سمعان „ ومن شدة فرحها لم تفتح له الباب „ ولاكن رجعت تشتد
15 وقالت لهم „ هذا سمعان قايم على باب الدار „ قالوا لها ما لك
فزعة فزعت „ وهى كانت تقانعهم انه حق „ قالوا لها لعله هو ملاكه „
16, 17 فسمعان كان يقرع الباب „ فخرجوا فلما راوه عجبوا „ فكفهم بيده
لكيما يسكتون „ فدخل فحدثهم „ كيف جاه الملاك „ وكيف اخرجه
f. 10b الرب من السجن „ وقال لهم اخبروا هذا يعقوب وجميع الاخوة „ ثم
18 انه خرج ذهب الى بلد اخر ✤ ومن الغد كان بين الشرط
19 سجس „ وعتاب شديد من اجل سمعان اى شى كان منه „ اما
هيرودس حين طلبه ولم يجده „ حكم على الحرس ان يقتلون ✤
20 فخرج من يهود الى قيسارية „ ومن اجل انه كان غضبان على
اهل صور وصيدا اجتمعوا اليه اهل البلد جميع „ وطلبوا الى بلطوس
قيم الملك „ وسالوه ان يرضى عنهم „ من اجل ان تدبير بلدهم
21 كان من سلطان هيرودس ✤ عند ذلك كان يوم معلوم „ فلبس
هيرودس لباس الملك „ وارتفع على منبر له „ وكان يكلم الجماعة „
22 وكان الناس كلهم تصيحون ويقولون „ هذا منطق الله وليس
23 f. 11a منطق الناس „ فمن ساعته تلك بدل ما لم يحمد الله ضربه ملاك
24 الرب „ فتهاتك بالدود ومات „ وكان بشرى الله يكرز[1] وينموا ✤
25 اما برنابا وشاول رجعا من اورشلم الى انطاكية „ من بعد ما فرغا
XIII 1 من خدمتهم „ واخذا معهما يحنا الذى يدعى مرقوس „ وكان فى
كنيسة انطاكية انبيا معلمين برنبا وسمعان الذى يدعى نيغور „
ولوقيوس الذى من قرينا المدينة „ ومنايل بن حاضن هيرودس
2 الرابع وشاول „ فبين ما هم كانوا يصومون ويتضرعون الى الله „

[1] Sic in Cod.

قال لهم روح القدس ميزوا لى شاول وبرنبا الى العمل الذى دعيتهما
f. 11 b 3, 4 اليه „ ثم بعد ما صاموا وصلوا „ [1]جعلوا ايديهم عليهما „ وارسلوهما ♣
وهما حين ارسلا من روح القدس „ نزلا الى سلوقية „ ومن ثم ركبا
5 البحر حتى اتوا قبروس „ وحين دخلا مدينة تدعى سلمونة „ كانا
6 بشرا كلمة الرب فى جماعات اليهود „ ويحنا كان يخدمهما „ فلما
طافا فى الجزيرة كلها „ حتى فافوس المدينة „ فاذا هما برجل ساحر
7 يهودى „ كان نبى كاذب اسمه بن شوما „ هذا كان لزم رجل
حكيم وكان قاضى „ يدعى سرجيس بولوس „ فدعى القاضى شاول
8 وبرنبا „ وكان يريد يسمع منهما كلمة الله „ وكان ينازعهما هذا
الساحر بن شوما „ الذى ترجمة اسمه كافر „ من اجل انه اراد ان
f. 12 a 9 يلوى القاضى من الايمان „ شاول الذى دعى بولوس امتلى روح
10 القدس „ فنظر اليه وقال „ يا ملا كل نكر وكل سيات „ بن الشيطان
المحال [2]وعدوا الحق „ الا تمتنع من ان تلوى سبيل الله المستقيم „
11 والان غضب الله عليك „ وتكون اعمى „ ولا تبصر الشمس الى حين „
وفى ساعته تلك وقع عليه الغم والظلمة „ وكان يلتفت ويلتمس
12 من يمسك بيده „ فلما راى القاضى الشى الذى كان عجب وامن
13 ببشرى الرب ♣ اما بولوس وبرنبا „ ركبا البحر من بابوس المدينة
وساروا حتى انتهوا الى فرجة مدينة بمبولية ففارقهما يحنا ورجع
f. 12 b 14 الى اورشلم „ هما خرجا من فرجة واتوا انطاكية مدينة فيسيدية „
15 فدخلا الى جماعة اليهود „ فجلسا „ فاذا هو يوم السبت „ وبعد ما قرى
الناموس والانبيا „ بعثوا اليهما كيرا الجماعة وقالوا „ يا رجال اخوتنا „
16 ان كانت عندكما كلمة فيها تعزية كلموا الشعب „ فقام بولس
فكفهم بيده وقال „ يا رجال بنى اسرايل فالذين تخشون الله
17 اسمعوا „ اله هذا الشعب اختار ابانا „ ورفعهم وشرفهم „ حين كانوا غربا

[1] Cod. جعلو [2] Sic in Cod.

ACTS XIII. 18—36. ١٠

18 بارض مصر „ واخرجهم منها بيد عظيمة „ واطعمهم فى القفر اربعين
19 سنة „ وهزم سبعة امم فى ارض كنعان „ واعطاهم ارضهم ميراث „
20 واربع ماية وخمسين سنة اقام عليهم قضاة „ فذلك كان الى
21 سمويل النبى „ وحينيذ سالوا لهم ملك „ فاقام الله [1]عليهم شاول f. 13a
22 بن قيش رجل من قبيل بنيامين „ اربعين سنة „ ثم قيضه الله
واقام لهم مكانه داود الملك „ وشهد عليه وقال „ وجدت داود بن
23 ايشى „ رجل مثل قلبى „ هو يصنع كل مسرتى „ ومن زرعه اقام
24 الله لاسرايل „ كمثل ما عهد اليهم „ يسوع الخلاص „ وارسل يحنا
25 يكرز بين يديه „ معمودية للندامة „ لكل شعب اسرايل „ فعند ما كان
يحنا فى خدمته كان يقول ماذا تظنون بى لست انا المسيح „
26 ولاكن ياتى بعدى الذى لست ياهل ان احل سير خفيه „ يا رجال
الاخوة بنى نسبة ابرهيم والذين يخشون الله معكم „ اليكم بعثت
27 كلمة الحياة „ التى لم يعلمون بها سكان اورشلم „ وساداتهم „ ولا f. 13b
ايضا بكتب الانبيا التى تقرا فى كل سبت „ ولاكن اشجبوه واسلموه
28 وكملت كل شى مكتوبة „ فلما لم يجدوا شى من علل الموت „
29 طلبوا الى بيلاطس فى قتله „ فلما كملت كل شى مكتوبة عليه
30, 31 انزلوه من الصليب وجعلوه فى قبر „ واقامه الله من بين الموتى „
وارى ايام كثيرة للذين صعدوا معه من الجليل الى اورشلم „
32 وهم شهداه „ قدام الشعب „ ونحن ايضا هذا نبشركم „ عن العهد
33 الذى كان عهد الى ابانا „ فقد كمله الله „ الينا نحن ابنايهم انه
اقام يسوع كما قد كتبت فى نبوة المزمور الثانى „ ابنى انت
34 وانا اليوم ولدتك „ وهكذا اقامه الله من بين الموتى „ ان لا يرجع f. 14a
35 ايضا يرى الفساد „ كما قد قال اعطيكم نعمة داود المومنة „ وايضا
36 قال فى مكان اخر „ انك لم تدع طهرك يرى الفساد „ اما داود

[1] Cod. اعليهم

فى نسبه ، فقد عمل مسرة الله ومات ، ودخل فى عدد ابايه ، [1]ورا
37, 38 الفساد ، اما هذا الذى اقامه الله فلم يرى فساد ، فتبانوا يا اخوة
39 ان بهذا يكرز لكم مغفرة الخطايا ، ومما لم يستطيعون من ناموس
40 موسى ان يبرون فبيسوع من امن يبر ، فاحتفظوا الا ياتى عليكم
41 الشى المكتوب فى الانبيا ، انظروا يا مجسورين فتعجبون وتهلكون
f. 14 b انى اعمل فى ايامكم عملا ما لا تصدقون ان اخبركم انسان ✤
42 فلما ارادوا الخروج من عندهم ، طلبوا اليهما ان يلبثون كما
43 يكلمانهم ايضا هذا الكلام السبت المقبل ، فلما سرحت الجماعة
كثير من اليهود اتبعوهما ، وايضا من الغربا قوم يخشون الله ،
وكانا يحثانهم لكيما يقتربون الى نعمة الله ✤ فلما دخل
44 السبت الاخر ، اجتمعت اهل المدينة لكيما يسمعون كلام
45 الله ، فلما [2]راوا اليهود جماعة الناس وكثرتهم تداخلهم الحسد ،
46 وكانوا ينازعون بولس وبرنبا ، ويجدفون ، فقال لهم بولس
وبرنبا علانية ، لكم كان ينبغى ان يندى بكلمة الله ، ولما قد
استبعدتموها منكم وابستم من الحياة الباقية ، فهذا نرجع الى
f. 15 a 47 الامم ، كذلك اوصانا ربنا ، كما هو مكتوب انى جعلتك ضو
48 للامم ، لكيما تكون حياة الى اطراف الارض ، فلما سمعوا الامم
ذلك فرحوا وحمدوا الله ، وامنوا الذين كانوا مستعدين للحياة
49, 50 الباقية ، وكلمة الرب كانت تكرز فى جميع اهل تلك البلدة ، اما
اليهود فهيجوا روس المدينه ، واغنيا النسا التى كن تخشون الله
51 معهم ، فطردوا بولس وبرنبا واخرجوهما من بلدتهم ، فلما خرجا
52 نفضا عليهم ترابا قدامها ، فاقبلا الى ايقانون المدينة ، والتلاميذ
XIV. 1 كان قد غشاهم الفرح وروح القدس ، ثم انهما دخلا الى جماعة
f. 15 b 2 اليهود ، وكانا يكلمانهم فامنوا كثير من اليهود ، ومن [1]اليونانين ، اما

[1] Sic in Cod. *passim* [2] Cod. راو

ACTS XIV. 3—17. ١٢

اليهود الذين لم يواتونهما ، اهاجوا عليهما اناس من الامم ، ليضررون
3 بهما ، فلبثا ثم زمانا كثيرا ، وكانا يتكلمان عن الرب علانية ،
والرب كان يوتيهم ميثاق نعمته ، بعجايب وايات التى كان يصنع
4 على يديهما ، اما اهل المدينة فقد كانوا بشك من امرهما ، فمنهم
5 كانوا على راى اليهود ، ومنهم على راى السليحين ، فتواعدوهما
اناس من الامم ومن اليهود ومن روسهم ان ياتونهما القماة والرجم ،
6 فلما استبان لهما ذلك خرجا من ثم ، استغاثا بمدن لوقنية ، لوسطرة
7,8 ودربة وقرى التى حولها ، وكانا يبشران ثم ♣ وكان فى لوسطرة f. 16a
9 المدينة رجل زمن اعرج من بطن امه ، ما كان مشى قط ، فسمع
10 بولس يتكلم ، فلما راه بولس عرف ان فيه امانة ، ان يحيا ، فقال
له باعلى صوته ، لك اقول ايه الرجل ، باسم ربنا يسوع المسيح ، قم
11 على رجليك ، فوثب [1]فلم مشى ، فلما راوا الجمع الشى الذى صنع
بولس صرخوا بلسان البلد ، وقالوا الهة تمثلوا باناس وهبطوا الينا ،
12 فدعوا برنبا رب الالهة ودعوا بولس غرمس ، من اجل انه كان
13 صاحب [2]بدو الكلام ، ثم ان حبر رب الالهة الذى كان برا من
ناحية المدينة ، جاب لهم ثيران واكليل عند الباب حيث كانا
14 يسكنان ، واراد ان يجعل لهما ذبيحة ، فلما بلغ ذلك برنبا وبولس
15 خرقا ثيابهما ، وبهذا خرجا الى الجماعة ، ورفعا اصواتهما وقالا f. 16b
بالقوم ماذا تصنعون ، اما نحن ايضا اناس نحن ضعفا مثلكم ، وقد
اتيناكم نبشر الان ترغبون عن هذه الاباطيل وتقبلون الى الله
الحى الذى خلق السما والارض ، والبحور وكل شى فيها ،
16 الذى فى الخلف الاول ، ترك الامم كافة ان تسلك فى سبيل
17 محبتها ، ولم يدع نفسه بلا بينة ، انه كان لهم فاعل الخيرات من
السما ، وكان ينزل لهم المطر ، وينمى لهم الثمرات بحينها ،

[1] Sic in Cod. [2] Cod. بدوا

ويضاعف لهم المعيشة ويملا قلوبهم نعمة وعند ما كانا يتكلمان 18
هذا بعنا شديد منعوا الناس ان يذبحون لهم ۞ اذ ذلك ۱جاوا الى ثم 19
يهود من ايقانون ومن انطاكية فهيجوا عليهما اهل البلد ۞ فرجموا
بولس وجروه حتى اخرجوه برا من المدينة ۞ ۲وكانوا يرون انه قد
مات ۞ فاجتمع عليه الحواريون ۞ ونهض فدخل معهم ۞ الى المدينة ۞ 20
ومن الغد خرج من ثم مع برنبا الى دربة المدينة ۞ فاذ كانا يكرزان 21
لاهل تلك المدينه ۞ اعمدا منهم اناس كثير ۞ ثمر اقبلا الى لوسطرة
المدينة وايقانون وانطاكية ۞ يعصمان انفس التلاميذ لكيما يثبتون 22
فى الايمان ۞ ويقولان لهم بجهد شديد ينبغى لنا الدخول الى
ملكوت الله ۞ وجعلوا فى كل كنيسة كهنة ويصومون معهم 23
ويصلون ۞ وكذلك ساسوهم الى ربنا الذى امنوا به ۞ فلما طافا ارض 24
فيسيذية ۞ ۱جاوا الى بنبولية ۞ فلما كرزا فى فرجة المدينة ۞ كلمة 25
الرب ۞ انحدرا من ثم الى ايطالية ۞ ومن ثم سارا فى البحر ۞ من اجل 26
ان من ثم كانا يستودعان نعمة الله اكمال عملها ۞ فلما اجتمعت 27
جماعة الكنيسة كافة اخبروهم عن كل شى صنع الله اليهما ۞
وكيف فتح باب الايمان بين يدى الامم ۞ فقاما ثم زمانا عند 28
السليحين ✤ فى تلك الايام قدموا اناس من يهود ۞ وكانوا يعلمون XV 1
الاخوة ۞ زعموا ان لم تختتنون كشريعة الناموس ۞ لا تستطيعون
تحيون ۞ وكان بينهم عتاب وبحث مع بولس وبرنبا ۞ فسار بولس 2
وبرنبا واخرين معهم الى الحواريون والى كهنة كنيسة اورشلم ۞
فى شان هذا البحث فشيعهم جماعة الكنيسة ۞ وارسلوهم ۞ فجازوا فى 3
ارض فونيقية كلها ۞ وفى السامرة يخبرونهم عن اقبال الامم ۞ فكان
لهم بذلك فرحا شديدا ✤ فلما قدموا اورشلم ۞ قبلتهم جماعة 4
الكنيسة والسليحين والكهنة ۞ واخبروهم عن صنيع الله اليهم ۞ وانه 5

۱ Cod. جاو ۲ Cod. وكانو

f. 17a

f. 17b

f. 18a

ACTS XV. 6—22.

انبثقوا اناس امنوا من شيعة الربونين ، وقالوا ينبغى لكم ان
تختتنون ، وتامرون الناس باحتفاظ ناموس موسى ، اذ ذلك اجتمعوا 6
السليحين والكهنة ينظرون فى هذه الكلمة ، فاما استبحثوا عن 7
ذلك واكثروا البحث ، نهض سمعان وقال لهم ، يا رجال الاخوة ،
قد علمتم من اول الزمان واستبان لكم ، ان الله من فمى اختار f. 18 b
ان يسمع الامم كلمة البشرى ، ويومنون ، والرب الذى يعرف سراير 8
القلوب شهد عليهم واعطاهم روح القدس ، كمثل ما اعطانا ، ولم 9
يفرق فيما بيننا وبينهم شى ، من اجل انه ¹زكى قلوبهم بالايمان ،
فالان انتم لماذا تجربون الله ، ان تجعلون على اعناق التلاميذ 10
نيرا ، الذى لم يستطيعون ابانا ولا نحن استطعنا ايضا احتماله ،
ولاكن بنعمة ربنا يسوع المسيح نومن ان نحيا كمثلهم ، فصمت 11, 12
الجمع كله وكانوا يسمعون من بولس وبرنبا ما كانا يخبرانهم ،
عن كل شى صنع الله على يديهما ، ايات وعجايب فى الامم ،
اذ ذلك لما سكتوا فتح يعقوب فمه وقال يا معشر الاخوة ، استمعوا 13 f. 19a
منى اقول لكم ، ان سمعان قد اخبركم كيف بدا الله يختار من 14
الامم امة لاسمه ، وقد وافق لذلك نبوة الانبيا ، كما هو مكتوب ، 15
قال من بعد ذلك ارجع واقم مسكن داود ، الذى وقع منه واقيمه ، 16
لكيما يقبلون ساير الناس الى الله ، كل الامم الذى دعى اسمى 17
عليهم ، قال الرب ، الذى يصنع ذلك كله ، فقد اظهر الله اعماله 18
من اول الدهر ، من اجل ذلك اقول لكم انه لا ينبغى ان نشد 19, 20
على الامم ، الذين يقبلون الى الله ، ولاكن نبعث اليهم ونوصيهم
ان يستبعدون من دنس الذبيحة ، ومن الزنا ومن المخنوق ، ومن f. 19 b
الدم ، وقد كان لموسى فى الخلف الاول ، فى كل مدينة ²كارزين 21
فى الجماعات ، يقرون فى كل سبت ✿ اذ ذلك اختاروا السليحين 22

¹ Cod. ذكى ² Cod. كوارين

والكهنة مع جماعة الكنيسة ، رجال منهم وبعثوهم الى انطاكية مع
بولس وبرنبا ، يهودا الذى يدعى برسبا وشيلا ، وكانا من قدما
الاخوة ، وكتبوا معهم كتابا وهذا قوله ، من السليحين والكهنة 23
والاخوة ، الى اخوة من الامم الذين فى انطاكية ، وفى سورية
وفى قليقية ، السلم ، وقد بلغنا ان اناس منا اتوكم فهاجوكم بكلام 24
واقبلوا انفسكم ، فيما قالوا لكم ان تختتنون ، وتعاهدون الناموس ، f. 20a
الذى لم نوصيكم نحن به فلذلك اتمرنا كلنا بجماعتنا واخترنا 25
رجال منا وبعثناهم اليكم مع بولس وبرنبا احبانا ، قوم قد اسلموا 26
انفسهم بدل اسم ربنا يسوع المسيح ، وبعثنا معهم يهودا وشيلا ، 27
لان يكونوا يبلغاكم هذا الكلام ، وقد كان مسرة لروح القدس ولنا 28
ايضا ان لا نكلفكم امر فاضل يثقل عليكم ، الا ما ليس بد منه ، 29
ان تنتهون من الذبيحة ومن الدم ومن المخنوق ومن الزنا ، فاذا
حفظتم انفسكم من ذلك تسلمون ، كونوا ثابتين بالرب معتصمون ✤
فلما قدموا الرسلا انطاكية اجتمعوا اليهم عامة الناس ، فدفعوا اليهم 30 f. 20b
الكتاب فلما قرى عليهم سرهم ذلك واعتزوا ، وكان يهودا وشيلا 31, 32
يعضدانهم بكلمة فاضلة ، ويثبتانهم من اجل انهما كانا انبيا ، فلما 33
قاما ثم زمانا ، بعثوهما الاخوة الى السليحين مرشدين ، اما 35
بولس وبرنبا فلبثا فى انطاكية ، وكانا يعلمان ويكرزان مع
تلاميذ كثير كلمة الله ✤ فبعد ايام قال بولس لبرنبا ، هلم 36
نرجع نستطلع الاخوة الذين فى جميع المدن الذى كرزنا
فيها كلمة الله ، فننظر ماذا فعلوا ، فكان برنبا يسره ان يصاحبه 37
يحنا الذى كنيته مرقوس ، اما بولوس فلم يسره ذلك لما كان قد 38 f 21a
فارقهما حين كانا فى بنبولية وتركهما ، فمن اجل ذلك افترق 39
بعضهم من بعض ، فصاحب مرقوس برنبا ، وسارا فى البحر ، حتى
بلغا قبرس ، اما بولوس فاختار شيلا ان يصاحبه ، فلما خرج استودعه 40

41 الاخوة الى نعمة الله ، فمر بسورية وقيليقية ، وكان يثبت [1]الكنايس ،
XVI. 1 وبلغ الى دربة المدينة ، والى لوسطرة ✤ وكان ثم احد من
التلاميذ يقال له طيماثاوس ، بن يهودية مومنة ، وكان ابوه
2 ارمانى ، وجميع الاخوة الذين من لوسطرة ومن ايقانون ، كانوا
3 يحسنون عليه الثنا ، فسر بولوس مصاحبته ، فاخذه وختنه من اجل
f. 21 b ان اليهود الذين كانوا فى تلك البلدة ، كانوا قد عرفوا ابوه
4 انه ارمانى ، واذ هما بسران فى المدن كانا يكرزان فيعلمان اهلها
باحتفاظ الوصية التى كتب السليحين ، والكهنة الذين فى اورشلم ✤
5 وقد كانت الكنايس مستعدة بالايمان وتكثر وتنمى فى االعدد ، فى
6 كل يوم ✤ فلما ساروا فى بلاد افروجية وغلاطية ، منعهما اذ ذلك
7 روح القدس ان يكرزان كلمة الرب فى اسية ✤ فلما بلغا بلاد
موسية ، ارادوا ان يذهبون من ثم الى بثونية ، فلم ياذن لهما روح
8, 9 يسوع ، فلما خرجوا من موسية انحدروا الى ارض طروسة ، فارى
f. 22 a بولس بريا الليل ، مثل رجل ماقيذونى كان قايم ويريد منه
10 ويقول هلم الى مقذونية وانصرنى ، فلما ارى بولس هذا الريا ، سرنا
الخروج الى مقذونية من اجل انه استبان لنا ان الرب دعانا
11 ان نكرز لهم بالبشرى ، فسرنا من طروسة ، واستقمنا الى سمترقة ،
12 ومن ثم لليوم الاخر جيننا الى نيوبولس المدينة ، ومن ثم الى
فيليبوس التى هى اول مقذونية ، فهى قولونية ، فاقمنا فى هذه
13 المدينة ايام يسيرة ، فخرجنا يوم السبت الى باب المدينة ، على
شفير النهر ، من اجل ان ثمة كان بيت صلاة ، فلما جلسنا كنا
14 نكلم نسا كن قد اجتمعن ثم ، فاذا امراة بايعة الارجوان ، كانت
f. 22 b تخشى الله ، يقال لها لودية ، من اهل ثوطيرة المدينة ، كان قد
15 اشرح صدرها الرب ، وكانت تنصت الى قول بولس فاعتمدت هى

[1] Cod. الكايس

وجميع اهل بيتها وكانت تطلب الينا وتقول ان كنتما استيقنتما
يقينا انى امنت بالرب فهلما انزلا فى بيتى ، فكلفتنا كثيرا ✤
16 فلما كنا نذهب الى بيت الصلاة ، صادفنا شابة كان فيها ريح
[1]القصم ، و كانت تكسب لاربابها تجارة كثيرة ، من [1]قصمها الذى
17 كانت [1]تقصم وكانت تجى على اثر بولس وعلى اثرنا ، وكانت
تصرخ وتقول هاولى القوم هم عبيد الله العلى ، ويبشرونكم طريق
18 الحياة ، وثابرت فى ذلك ايام كثيرة ، فزبرها بولس وقال لتلك الريح
f. 23 a امرك باسم يسوع المسيح [2][ا]ما خرجت منها ، فخرجت منها مكانها ،
19 فلما [3]راوا اربابها انه قد خرج منها رجا تجارتهم ، عمدوا الى بولس
وشيلا ، فاخذوهما واخرجوهما الى السوق وابلغوهما الى صاحب
20 الشرط ، والى سادات المدينة ، وقالوا هاذين الرجلين قد اطغا
21 مدينتنا ، من اجل انهما يهود ، ويكرزان لنا شرايع ما لا ينبغى لنا
22 ان نقبلها ، ولا نعمل بها ، من اجل انا روم ، فاجتمع عليهما اناس
كثير ، اذ ذلك صاحب الشرط خرق عليهما ثيابهما ، وامر بجلدهما ،
23 فلما جلدوهما واكثروا ابلغوهما الى السجن ، وامر صاحب السجن
24 يحرسهما ، فلما امر بذلك ادخلهما فسجنهما فى اقصى بيت فى
f 23 b 25 السجن وكبلهما بالحديد ، وعند انتصاف الليل قام بولس وشيلا فى
26 الصلاة يصلون ويسبحون الله ، وكان اهل السجن يسمعونهما ، فكان
من بغتة رجفة شديدة ، وتحرك بنيان السجن ، وانفتحت جميع
27 الابواب ، وانحل رباط كلهم من ارجلهم ، فلما استيقظ صاحب
السجن ورا ابواب السجن مفتحة عمد الى سيف ، واراد قتل نفسه ،
28 فمن اجل انه ظن ان اهل السجن فروا ، فدعاه بولس وقال له
باعلى صوته ، لا تصنع بنفسك شرا لانا نحن كلنا هنا نحن ،
29 حينيذ اسرج له السراج ووثب دخل اليهما وهو مرعوبا ، فوقع على

[1] Sic in Cod. [2] Cod. لما [3] Cod. راو

ACTS XVI 30—XVII. 6 ١٨

30 قدمى بولس وشيلا „ واخرجهما برا „ وكان يقول لهما يا ربانى ماذا
31 ينبغى لى ان اصنع لكيما احيا „ فقالا له امن باسم ربنا يسوع f 24 a
32 المسيح فتحيا انت واهل بيتك „ وكانا تكلمانه ولجميع اهل بيته
33 كلمة الرب „ وفى تلك الليلة من ساعته اخذهما واغسلهما من
34 جلدهما „ فاعتمد هو وجميع اهل بيته „ واطلعهما الى بيته وجعل
بين يديهما طعاما „ وكان يفرح هو وجميع اهل بيته بامانة الله ♣
35 فمن الغد بعث صاحب الشرط السواطين „ يقولون لصاحب السجن
36 اطلق اوليك القوم „ فلما امر بذلك دخل الى بولس وقال له „ ان
37 صاحب الشرط بعث ان اخلى سبيلكما „ فهلما انطلقا راشدين „ فقال
بولس جلدونا على روس الناس علانية „ لقوم روم „ وسجنونا „ والان f 24 b
يخرجونا خفيا „ ليس كذلك ينبغى „ ولاكن ياتون هم يخرجونا „
38 فرجعوا السواطين وقالوا لصاحب الشرط القول الذى قيل لهم „ فلما
39 علموا انهما روم جزعوا فجاوا[1] اليهما وطلبوا اليهما ان يخرجان
40 ويذهبان من المدينة „ فلما خرجا من السجن دخلا الى لودية فاذا
XVII. 1 ثم اناس من الاخوة „ فعرفوهم فعزوهم „ ثم خرجوا فجازوا على
امبيبوليس المدينة وابلونيا „ ثم اقبلا الى تسلونيقة حيث كانوا
2 جماعة اليهود „ فدخل بولس اليهم كعادته „ وكان يكلمهم من
3 الكتب من النهار ثلثة ساعات „ ويفسر لهم ويريهم ان المسيح كان f. 25 a
عتيد ان يتجع ويقوم من بين الموتى „ وهو يسوع المسيح هذا
4 الذى ابشركم به „ فامنوا اناسى منهم واتبعوا بولس وشيلا وكثير
من [2]اليونانين الذين كانوا يخافون الله „ وايضا نسا مذكورات
5 بغير قليل „ فحسدوهم اليهود „ ولزموهم من سوق المدينه اناس
سو „ فاجتمعت جماعة كثيرة واطغوا المدينة فاتوا بيت ياسون
وكانوا يريدون ان يخرجونهما من ثم ويسلمونهما الى الجماعة „
6 فلما لم يجدونهما اقبلوا على ياسون والاخوة الذين كانوا عنده „

[1] Cod. فجاو [2] Sic in Cod. *passim*

وابلغوهم الى سادات المدينة ״ يصيحون ويقولون هولا الرجال هم
f 25b 7 الذين سجسوا الارض كلها ״ وقد [1]جاوا ايضا هاهنا وقابلهم هو
ياسون هذا ״ [2]فهاولى كلهم يعادون وصية قيصر ويزعمون ان يسوع
8 هو ملك اخر غير قيصر فاسجسوا اشراف المدينة ״ وجميع الناس لما
9, 10 سمعوا ذلك ״ واخذوا بياسون كفلا وبالاخوة وكذلك سرحوهم ״ اما
الاخوة من مكانهم فى تلك الليلة بعثوا بولس وشيلا الى مدينة
يقال لها بروة فلما قدموا الى ثم كانوا يدخلون الى جماعة
11 اليهود ״ وكان لولايك اليهود فضيلة على اليهود الذين من تسلونيقية ״
f 26a وكانوا [3]يسمعون منهم كلمة الرب فى كل يوم وهم فرحين
مسرورين ״ وكانوا يتبينون من الكتب ان كان ما قالا حق ״
12 فامنوا كثير منهم ״ وايضا من اليونانين بشر كثير ״ وايضا من نسا
13 مذكورات ״ فلما علموا اليهود الذين من تسالونيقية ان كلمة الله
كرزت من بولس فى بروة المدينة لحقوهما الى تم ״ فلم [2]يزالون
14 يسجسون ويهيجون عليهم الناس ״ فلما علموا الاخوة بعثوا بولس
يسير فى البحر ״ اما شيلا وطيماتيوس فاقاموا فى تلك المدينة ״
15 فالذين كانوا شيعوا بولس [1]جاوا معه الى مديمة يقال لها اثانوس ״
فلما خرجوا من عنده ״ اخذوا منه كتاب الى شيلا وطيماثيوس ״
f 26b 16 ان ياتونه عاجلا ״ اما بولس لما اقام فى اتانوس كان مغتاظ بروحه
17 حين كان يرى المدينة كلها ملا من الاوثان ״ وكان يكلم اليهود
فى الجماعات ومع الذين يخشون الله ״ وفى الطريق لكل من كان
18 يصادفه كل يوم ״ وايضا فلاسفة الذين من تعليم ابيقوروس ״ واخرين
يقال لهم اسطوايقو كانوا يجادلونه ״ واناس منهم كانوا يقولون ماذا
يريد هذا ״ الذى يلفظ الكلام ״ اما اخرين فكانوا يقولون انه يكرز
لنا الهة غريبة ״ من اجل انه كان يكرز لهم عن يسوع وقيامته ״

[1] Cod. جاو [2] Sic in Cod. [3] Cod. يسمون

19 فاخذوه [1]واتوا به الى مكان القضا ، الذى يدعى اريوس باغوس ،
وقالوا له هل نستطيع نعلم ايشى هذا العلم الجديد ، الذى تكرز
20 وقد ارويت مسامعنا من طراوة الكلام ، ويسرنا ان نعلم ايشى f 27a
21 هو ، اما [2]الاثانيين كلهم وعامة من كان من الغربا فليس كان
22 لهم همة اخرى ، الا ما يقولون ويسمعون شى له طراوة ✤ فلما
قام بولس فى اريوس باغوس ، قال يا رجال الاثانيين انى اراكم
23 سمان بعبادة الشياطين ، حين كنت اطوف وانظر الى بيت اصنامكم ،
فاذا انا بمذبح مكتوب عليه ، لااله المخزون ، فهذا الذى تعبدونه
24 بغير معرفة به ، اياه ابشركم ، الله الذى خلق العالم ، وكل شى
25 فيه ، وهو رب السما والارض ، لا ينزل فى عمل بنيان اليدين ، ولا
يختدم من يدى الناس ، وليس هو بمحتاج الى شى ، من اجل f 27b
26 ان له كل شى ويوتى الناس الحياة والانفس ، وخلق عالم البشر
كله من دم واحد ، ليسكنون على وجه الارض كلها وميز الازمان
27 بامره ، وجعل فى عمر الناس غاية ليكونوا يطلبون الله ويبحثون
28 عنه ، ومن خلايقه يجدونه ، من اجل انه ليس هو ببعيد منا ، به
نتحرك ونحيا ، ونكون كما قال ذلك ايضا اناس منكم حكما ، ان
29 منه هى نسبتنا ، فاناس نزعم ان نسبتنا هى من الله ، لا ينبغى ان
نرى ان الذهب والفضة والحجارة المنحوتة ، التى عملت بحكمة
30 الناس وبعلمهم ، ان تلاوم [2]الاهوت ، فقد يطل الله زمان الطغا ،
وفى هذا الزمان يوصى لجميع الناس ان يقبلون الناس الى التوبة
31 فى كل مكان ، من اجل انه نصب يوم ، فيه عتيد ان يدين f. 28a
الارض كلها ، بالحق ، على يدى الرجل الذى اختاره ، ورد الناس
32 كلهم الى ايمانه ، بانه اقامه من بين الموتى ✤ فلما سمعوا عن
قيامة الاموات ، كان اناس منهم يستهزون ، ومنهم كانوا يقولون

[1] Cod. واتو [2] Sic in Cod.

33 [1]سانسمع منك هذا القول مرة اخرى ، وكذلك خرج بولس من
34 عندهم ، اما اناس منهم فاتبعوه وامنوا ، وكان احدهم ديانيسيوس ،
من قضاة اريوس باغوس ، وامراة يقال لها دماريس واخرين معهم ،
XVIII. 1, 2 فلما خرج بولس من اثانوس اقبل الى قورنتوس ، فاذا ثم رجل
يهودى ، يقال له اقلوس من ارض بنطوس ، كان خرج فى ذلك
f. 28 b الزمان من بلدة ايطالية مع امراة له ، يقال لها فريسقلة لما كان
قد امر اقلوذيوس قيصر يخلى جميع اليهود من رومية ، فاقترب
3 اليهم من اجل انه كان من اصحابهم بالعمل ، فنزل بهم وكان
4 يعمل معهم ، وكانوا فى عملهم خرازين ، وكان يتكلم فى الجماعة
5 فى كل سبت ، ويطلب الى اليهود ، والى الحنفا ، فلما قدم شيلا
وطيماثيوس من مقذونية ، كان بولس قد اضاقت به الكلمة ، لما
كانوا اليهود ينازعونه ، ويجدفون ، حين كان يشهد ويقول ان
6 يسوع هو المسيح ، اذ ذلك نفض ثيابه وقال لهم ، من الان انا
7 برى منكم ، سارجع الى الامم ، فخرج من ثم ودخل الى بيت
f. 29 a رجل يقال له ططوس ، وكان يخاف الله ، وكان بيته عن جانب
8 الكنيسة ، وكان قد امن بالرب خريسوفوس سيد الجماعة ، مع جميع
اهل بيته ، واناس كثير من [2]القرنثانين كانوا يسمعون كلامه
9 ويومنون بالله ويعتمدون ✤ ثم ان الرب قال بالريا لبولس لا تخاف
10 ولاكن تكلم ولا تمتنع ، لانى انا معك ، وليس احد يستطيع المضرة
11 بك ، وان لى فى هذه المدينة بشر كثير ، وكان قد اقام فى
12 قرنثيوس سنة وستة اشهر ، وكان يعلمهم كلمة الله ✤ ولما كان
جاليون قاضى اخاية ، اجتمعت اليهود فى جماعاتهم على بولس فاتوا
13 به الى الكرسى ، وقالوا هذا الرجل على غير ناموس يريد من الناس
f. 29 b 14 ان يكونوا يخشون الله ، فلما اراد بولس ان يفتح فمه ويتكلم ، قال

[1] Sic in Cod. *passim*   [2] Sic in Cod.

ACTS XVIII. 15—28. ٢٢

جاليون لليهود ، لو كنتم تقولون فى هذا الرجل [1]سيئة او ريبة او
15 امر قبيح ، يا يهود ، لكان ينبغى لى ان اسمع منكم ، فان كانت
خصومة عن كلمة وعن اسامى وعن ناموسكم فانتم اعرف فيما
16 بينكم ، اما انا فلست اريد ان اكون احكم هذه الاشيا ، فطردهم
17 من عند كرسيه ، اذ ذلك الحنفا اخذوا سستانيسى قديم الجماعة ،
فكانوا يضربونه بين يدى الكرسى ، وكان جاليون يتغافل عن
18 ذلك ، فلما اقام بولس ثم ايام كثيرة ودع الاخوة ، وسار فى البحر
الى سورية ، وذهب معه فريسقلة واقلوس ، وجز شعر راسه فى
19 قرنخراوس لنذر كان قد نذر ، فلما بلغوا الى افسوس ، دخل بولس f 30 a
20 الى الجماعة ، وكان يكلم اليهود ، فطلبوا اليه كما يقيم عندهم ،
21 فلم يجيبهم ، قال ينبغى لى فى كل حال ، ان اجعل العيد
المقبل فى اورشلم ، وان احب الله سارجع اليكم ايضا ، اما اقلوس
22 وفريسقلة ، فتركهما فى افسوس ، اما هو فسار فى البحر وجا الى
قيسارية ، فطلع وسلم على ابنا الكنيسة ، وذهب من ثم الى
23 انطاكية ، فلما اقام ثم ايام يسيرة خرج وكان يطوف فى بلد
24 غلاطية وافروجية ، وكان يثبت جميع التلاميذ ، فاذا رجل يهودى
يقال له افلو كان جنسه من [2]الاسندرية ، مستنطق بالكلام ، عالم f. 30 b
25 فى الكتب ، كان قدم الى افسوس فكان دليلا على طريق الرب ،
ويحمى بالروح ، وكان يتكلم ويعلم عن يسوع كثير وما كان
26 يحسن شى الا معمودية يحنا فقط ، فبدا يتكلم فى الجماعة
علانية ، فلما سمعه اقلوس وفريسقلة جابوا به الى منزلهما وكانا
27 يفهمانه عن طريق الرب ، فلما اراد المسير الى اخايية ، خطفوه
الاخوة ، فكتبوا الى التلاميذ ليقبلونه ، فلما اتاهم اعان كثيرا ،
28 بنعمة الله جميع المومنين ، وكان يخاصم اليهود بين يدى

[1] Cod. سية   [2] Sic in Cod.

الجماعة شديدا ، وكان يريهم من الكتب عن يسوع انه هو
f 31 a XIX. 1 المسيح ، فعند ما كان ابلو فى قرنثوس ، كان قد طاف بولس فى
البلاد العليا ، ثم جا الى افسوس ، وكان [1]يسال التلاميذ الذين وجد
2 ثم ويقول ، قبلتم روح القدس ، منذ امنتم ، فاجابوا وقالوا ولا سمعنا
3 ايضا بذكر روح القدس ، فقال لهم ، فماذا اعتمدتم ، قالوا له
4 بمعمودية يحنا ، فقال لهم يحنا اعمد معمودية التوبة للشعب اذ
5 كان يقول ، امنوا بالذى ياتى بعدى ، الذى هو المسيح ، فلما
6 سمعوا ذلك اعتمدوا باسم ربنا يسوع المسيح ، فجعل بولس يده عليهم
7 فغشاهم روح القدس ، فكانوا يتكلمون بلسان لسان ويتنبون ، وكل
8 هاولى كانوا اثنا عشر نفسا ✤ فدخل بولس الى الجماعة ، وكان
f. 31 b 9 يكلمهم علانية ثلثة اشهر ، وكان يحثهم على ملكوت الله ، فكان
اناس منهم يلجون وينازعون ويفترون على طريق الله ، بين يدى
جماعة الامم ، اذ ذلك استبعد بولس ونحى عنهم التلاميذ ، وكان
10 يكلمهم فى كل يوم فى [2]اسكون ، رجل يقال له طرنوس ، وهذه
كانت تمام سنين ، حتى سمع جميع سكان اسية كلمة الرب ،
11 اليهود والحنفا ، وكان الله يجعل على يدى بولس جرايح عظام ،
12 حتى من الثياب التى على جسده عمايم او خرق كانوا ياخذون
ويجعلونها على المرضى وكانوا يبرون من اوجاعهم ، والشياطين
13 ايضا كانت تخرج ، اذ ذلك اناس من اليهود قوم كانوا يطوفون
ويحلفون على الشياطين ، ارادوا يحلفون باسم ربنا يسوع على
الذين كانت فيهم الارواح الدنسة وكانوا يقولون نحلفكم باسم
f. 32 a 14 يسوع الذى يكرز بولس ، وكان يفعل ذلك سبعة اخوة ، بنى رجل
15 يهودى ، راس الاحبار يقال له سقوا ، فعند ما كانوا يعملون هذا
العمل ، اجاب ذلك الشيطان السو وقال لهم ، يسوع انا اعرفه وبولس

[1] Cod يسل   [2] Gr σχολῇ

ACTS XIX. 16—29. ٢٤

16 انا عارفته „ ولاكن انتم من انتم „ فوثب عليهم الرجل الذى كان
فيه الريح السو „ فشد عليهم حتى ضعضعهم „ واذ هم عراة محطمين „
17 فروا من ذلك البيت وعرف ذلك جميع اليهود „ والحنفا الذين
يسكنون افسوس „ فوقعت المخافة على جميعهم „ وكان يستعلى
18 اسم ربنا يسوع المسيح وكثير من الذين امنوا كانوا يجون
19 يخبرون بذنوبهم ويعترفون بكل شى عملوا „ وايضا كثير من
السحرة كانوا جمعوا كتبهم فجابوا بها واخرقوها بين يدى جماعة f 32 b
الناس „ فحسبوا ثمن تلك الكتب „ فانتهى الى خمسة ربوات فضة „
20, 21 وكذلك بقوة شديدة كانت تنمى وتكثر امانة الله ✤ فلما كمل
ذلك جعل بولس فى نفسه ان يطوف مقذونية كلها „ واخايية „ ثم
يذهب الى اورشلم „ وقال اذ اذهبت الى ثم ينبغى ايضا ان
22 ارى رومية „ فبعث رجلين من خدمته الى مقذونية „ طيماثيوس
23 وارسطوس „ اما هو فاقام فى اسية زمان ✤ وفى ذلك الزمان كان
24 عتاب شديد على طريق الله „ وكان ثم عامل ورق يقال له
دمطريس „ كان يعمل [1]انواس من ورق لارطاميس „ وكان ينفع
25 اصحاب معملته منفعة كثيرة „ فجمع اهل معملته والذين كانوا
يعملون معهم „ وقال لهم يا قوم لعمرى لقد عرفتم ان تجارتنا انما f 33 a
26 هى من هذا العمل „ وانتم ايضا تسمعون وتبصرون انه ليس لاهل
افسوس فقط „ ولاكن ايضا لجميع اهل اسية „ عطفهم بولس هذا
27 وردهم اذ يقول ليس هم الهة „ الذى تصاغ بيدى الناس „ وليس هذا
الامر وحده ينكشف ويعطل „ ولاكن ايضا كنيسة ارطميس [2]الالهة
الكبيرة يرى ايضا كلا شى „ وايضا الالهة جميع الذين لجميع اسية
28 الذى نسجد لها جميع الامم تحقر ✤ فلما سمعوا ذلك حميوا غضبا „
29 فاخذوا يصرخون ويقولون „ عظيمة هى ارطميس [3]الافسانين „ ان ذلك

[1] Gr. ναούς [2] Cod. اللالهة [3] Sic in Cod.

تسجست المدينة كلها ، فاشتد جمعهم الى الملعب وابلغوا معهم
جاييوس وارسطرخوس رجال مقذونيين اصحاب شيعة بولس ، وكان 30
يريد بولس الدخول الى الملعب ، فمنعه التلاميذ ، وايضا سادات 31 f. 33 b
اسية ، من اجل انهم كانوا اصدقاه ، بعثوا فطلبوا اليه ان لا
يجعل فى نفسه الدخول الى الملعب ، اما الجمع الذى كان فى 32
الملعب كانوا مسجسين جدا ، كثيرا ، وكان اخرين يصرخون بامر
اخر ، بان كثير منهم لم يكونوا يعلموا لايشى اجتمعوا ، اما امة 33
اليهود الذين كانوا ثم افرزوا منهم رجل يهودى يقال
الاكسندروس ، فلما قام كفهم بيده لكيما يتكلم بين يدى الشعب ،
فلما عرفوا انه يهودى صرخوا كلهم بصوت واحد ، كساعتين ثنتين ، 34
وقالوا عظيمة هى ارطميس الافسانين ، فكفهم راس المدينة ، وقال يا 35
معشر الافسانين ، انها خبرة لارطميس الكبيرة وصنمها التى نزلت من f. 34 a
السما ، ومن اجل انه لا يستطيع احدا ينازع فى ذلك ، ينبغى لكم 36
ان تكفون ولا تستعجلون الى شى ، وقد جيتم هاولى الرجال بغير 37
ينهبون كنايس او يفترون على الهتنا وان كان لدمطريس هدا او 38
لشيعة معملته ، حكومة مع انسان ، فهذا قاض المدينة انما هم
عمال فليقتربوا الى حكومة بعضهم مع بعض ، وان كنتم تريدون 39
شى اخر ، فان ذلك يطلق فى المجلس ، حيث شرايع الجمع ، لانا 40
الان قيام فى اضطرار ، لعل تنقضى علينا كالمسجسين ، ولا نستطيع
نجعل لنا منه مخرجا عن جماعة يومنا هذا ، حيث اجتمعنا سفاها ،
واستجسنا بلا علة ، فلما قال ذلك سرح الجموع ، فلما كف 41. XX. 1
الارتجاس ، دعى بولس التلاميذ ، فعزاهم واعضدهم ، ثم خرج ذهب الى f 34 b
مقذونية ، فلما حول هده البلاد وعزاهم واكثر لهم العزا ، جا الى 2
هلاسة البلدة ، فاقام بها ثلثة اشهر ، فنكروا عليه اليهود ، عند ما 3
اراد ان يذهب الى سورية ، فاتمر ان يرجع الى ماقذونية ، اذ ذلك 4

سار معه الى اسية سوبطروس من اهل بروة المدينة ، وارسطروخوس
وسقندوس من تسالونيقية ، وجايوس من اهل دربة المدينة ،
وطيماثيوس من لوسطرة ، ومن اهل اسية طوخيقوس وطروفيموس ،
5, 6 هاولى ساروا بين يدينا ، واقاموا لنا فى طروسة ، اما نحن فخرجنا
من فيليبوس ، مدن المقذونين بعد ايام الفطير ، وسرنا فى البحر
7 f. 35a وجينا الى طروسة فى خمسة ايام فاقمنا ثم سبعة ايام ، وفى
يوم الاحد ونحن مجتمعين نقسم القربان كان يكلمهم بولس من
اجل انه اراد ان يخرج من الغد ، فاحتبس فى كلامه حتى
8 انتصف الليل ، وكان فى العلية حيث كانوا مجتمعين قريبطات
9 كثيرة ، يسرجن ، وكان شاب يقال له اوطوخس جالس عند كوة
يسمع ، فنعس وثقل عليه النعاس ، لما كان بولس قد احتبس فى
كلامه ، فبين ما هو ناعس ، وقع من ثلثة علالى ، فحمل ميت ،
10 فنزل بولس فانبسط عليه وعانقه ، وقال لا تجزعون لان نفسه هى
11 فيه ، فلما صعد قسم الخبز وطعم ، وكان يتكلم حتى انشق الصبح ،
12 f. 35b اذ ذلك خرج يسير على الظهر ، فاما ذلك الشاب اخذوه وهو حى
13 وفرحوا به شديدا ، ثم انا نزلنا الى السفينة وسرنا [1]مقابل تاسوسة ،
لان من ثم كنا متهيين نلقى بولس ، كذلك كان اوصانا حين
14 سار فى اليبس ، فلما قبلناه من تاسوسة حملناه فى السفينة وجينا
15 الى ميطلانة ، ومن ثم سرنا من الغد مقابل جزيرة يقال لها
كيوس ، وايضا من الغد اتينا ساموسة ، واقمنا فى طروغليون ومن
16 الغد جينا الى ميليطوس ، كان قد جعل بولس فى نفسه ان
لا يجوز على افسوس لكيما لا يحتبس ثم من اجل انه كان
17 مستعجلا ، ان استطاع يجعل يوم العنصرة فى اورشلم ، اذ ذلك بعث
18 من ميليطوس الى كهنة كنيسة افسوس كما ياتونه فلما اتوه ،

[1] Cod. امقابل

ACTS XX. 19—35.

f. 36 a فال لهم" لعمرى انكم تعرفون من اول يوم دخلت فيه الى اسية
كيف كنت معكم الزمان كله" حين كنت اعبد الله بتخشع 19
كثير وبدموع وبلايا التى كانت تنزل بى من نكر اليهود" ولم 20
اغفل عن شى كان ينبغى لانفسكم" ان اكرز لكم واعلم فى
السكك والبيوت وكنت اشهد على اليهود" والحنفا" على ان يتوبوا 21
الى الله والايمان بربنا يسوع المسيح ✣ والان انا مربوط بالروح 22
واذهب الى اورشلم" ولا اعلم ماذا يستقبلنى فيها" ولاكن روح 23
القدس فى كل مدينة يشهد لى" ويقول عتيد لك الاوثاق
والضرورة" ولاكن ليس نفسى عندى بشى كما اتمر سعايتى" والخدمة 24
f. 36 b التى قبلت من ربنا يسوع" ان اشهد على بشرى نعمة الله" والان 25
انا اعلم انكم لا ترون ايضا وجهى كلكم هولى الذين طفت بينكم
وكرزت لكم الملكوت" ومن اجل ذلك اشهدكم فى هذا اليوم انى 26
برى من دما كلكم" وذلك انى لم ادع ان اخبركم عن كل 27
مسرة الله" فاحتفظوا بانفسكم وبالرعية كلها التى استرعاكم بها 28
روح القدس ايها الاساقفة ان ترعون كنيسة الله التى اقتناها
بدمه" وقد عرفت ان من بعد ذهوبى يدخلون بينكم ذياب اشدا 29
ان لا يرحمون الرعية" وايضا منكم يقومون رجال متكلمى 30
الشاكسات ان يميلون التلاميذ لكيما يتبعونهم" من اجل ذلك
f. 37 a فاستيقظوا واذكروا انى لم ادع ثلثة سنين" الليل والنهار ان اعظكم 31
بالدموع" ولاناس اناس منكم" والان اودعكم الى الله والى كلمة 32
نعمته" التى تستطيع ان تبنيكم ويعطيكم ميراث مع جميع
القديسين ✣ هذا حق انه لم يغلبنى شهوة فضة او ذهب او ثياب" 33
وانتم تعرفون ان حاجتى" وحاجة من معى انما خدمنا يدى 34
هاتين" وقد اعلمتكم كل شى" انه ينبغى ان نكون نهتم بالمرضى 35
وان نذكر كلام ربنا يسوع" من اجل انه قال" طوبى للذى

36 يعطى افضل من الذى ياخذ „ فلما قال ذلك خر على ركبتيه
37 واقبل على الصلاة „ وجميع من معه من الناس „ فكان ارمضهم
38 f. 37 b ذلك مع بكا وحزن شديد فعانقوه وقبلوه „ وكان اكثر حزنهم
XXI. 1 فيما قال انكم لا ترون ايضا وجهى فشيعوه حتى السفينة „ ثم انا
فارقناهم وسرنا مستقيما الى جزيرة يقال لها قوة „ ومن الغد اتينا
2 رودوس „ ومن ثم الى فاطرا „ فاذا نحن بسفينة تذهب الى فونيقية „
3 فطلعناها وسرنا حتى بلغنا الى قبرس الجزيرة „ فتركناها عن
الشمال „ وجينا الى سورية „ ومن ثم انتهينا الى صور „ ثم كانت
4 السفينة تخفف عنها „ فلما اصبنا ثم تلاميذ „ اقمنا عندهم سبعة
ايام „ وكانوا يقولون لبولس بالروح فى كل يوم ان لا يذهب
5 f. 38 a الى اورشلم „ ومن بعد هذه الايام خرجنا الى سفرنا „ فشيعونا
جميع الاخوة مع نساهم وبنيهم „ حتى خرجنا من المدينة „ اذ
ذلك خروا على ركبهم على شفير البحر „ واقبلوا على الصلاة „
6 [1]فنسقنا بعضنا لبعض „ وطلعنا الى السفينه „ فرجعوا اوليك الى
7 منازلهم „ اما نحن فسرنا من صور „ وجينا الى مدينة عكا „ فسلمنا
8 على اخوة كانوا ثم ونزلنا بهم يوم واحد „ ومن الغد خرجنا
واتينا قيسارية „ فدخلنا ونزلنا فى بيت فيليبوس البشير الذى كان
9, 10 من السبعة „ وكان له بنات اربعة عواتق يتنبين „ فلما اقمنا ثم
11 ايام وكثر كان قد انحدر من يهود نبى يقال له اغبوس فدخل
f. 38 b الينا فعمد الى منتقة حقوى بولس فربط بها رجل نفسه „ ويديه „
وقال كذلك قال روح القدس „ الرجل صاحب هذه المنتقة كذلك
12 يربطونه اليهود فى اورشلم „ ويسلمونه فى يدى الامم „ فلما سمعنا
هذا القول طلبنا اليه نحن واهل البلد ان لا يذهب الى اورشلم „
13 اذ ذلك اجاب بولس وقال „ لماذا تبكون وتحزنون قلبى „ انى ليس

[1] Hebrew נשק

الى الرباط فقط متيسر „ ولاكن ان اموت فى اورشلم „ من اجل
14, 15 اسم ربنا يسوع „ فلما لم [1]يجبنا كففنا وقلنا تكون مسرة ربنا „ فبعد
16 تلك الايام تهينا وطلعنا الى اورشلم „ [2]وجاوا معنا اناس من تلاميذ „
من قيسارية „ فاذا معهم احد من الاخوة من تلاميذ الاولين „
f. 39a 17 يقال له مناسون „ وكان من قبرس „ كما ينزلنا فى بيته „ فلما
18 دخلنا اورشلم قبلونا الاخوة بفرح „ ومن الغد دخلنا مع بولس الى
19 يعقوب „ فاذا عنده جمع الكهنة „ فسلمنا عليهم „ وكان يخبرهم
20 بولس عن كل شى صنع الله فى الامم بخدمته „ فلما سمعوا
ذلك حمدوا الله „ وقالوا الا ترى يا اخونا كم ربوات فى يهود
21 الذين امنوا „ وكل هاولى هم غيرة الناموس „ وقد قيل فيك انك
تعلم ليستبعدون من موسى كل يهود فى الامم „ اذ تامر ان لا
22 تختنون بنيهم ولا يسلكون فى شرايع الناموس „ ولما سمعوا انك قد
23 قدمت هنا افعل ما نقول لك „ ان لنا هنا اربعة رجال عليهم نذر
f. 39b 24 [3]يتزكون فسوقهم وانطلق [4]تزكى معهم وانفق عليهم نفقة كما
يحلقون روسهم فيعلم كل انسان ان الذى قيل فيك كان كذب
25 وانك تتبع الناموس وتحفظه „ اما على الذين امنوا من الامم نحن
قد كتبنا ان يحفظون انفسهم „ من الذبيحة والزنا والمخنوق
26 والدم ✤ اذ ذلك بولس من الغد اخذ هاولى الرجال „ و[4]تزكى معهم „
ودخل معهم الى الهيكل كما يعلمهم تمام ايام [5]الزكاوة „ حتى يقرب
27 قربان اناس اناس منهم „ فلما بلغ يوم السابع ابصروه فى الكنيسة
يهود من اهل اسية „ فهيجوا عليه جماعة الشعب „ فبسطوا يديهم عليه
f. 40a 28 وكانوا يتزعمون ويقولون يا رجال بنى اسرايل انصرونا „ هذا هو الرجل
الذى يعلم خلاف لشعبنا فى كل مكان وخلاف للناموس „ ولهذه

[1] Cod. يجيبنا [2] Cod. وجاو [3] Cod. يتذكون
[4] Cod تذكى [5] Cod. الذكاوة

البلدة „ وقد ادخل ايضا الحنفا الى الكنيسة كدنس هده البلدة
29 المقدسة „ وقد كانوا ابصروا معه فى البدى طروفيموس الافسانى „
30 فى المدينة وكانوا يرون انه مع بولس دخل الى الكنيسه عند ذلك
تسجست المدينة كلها واجتمعت الامة كلها فاخذوا بولس وجروه
31 خارج من الكنيسة „ اذ ذلك غلقت الابواب „ وعند ما اراد الجمع
قتله خبر عن ذلك وال البلد „ بان جمع المدينة كلها قد
32 تسجست „ اذ ذلك اخذ معه صاحب الشرط شرط كثير فاشتدوا
33 عليهم „ فلما [1]راوا الوال والشرط امتنعوا من ضرب بولس فدنى اليه f. 40b
الوال „ واخذه وامر ان يربط [2]بسلسلتين „ وكان يسل عنه من هو
34 وايشى صنع „ وكان يصرخون اناس من الجماعة شى شى „ ولما
كانوا يصرخون لم يكن يستطيع ان يعرف بيان الصدق „ اذ ذلك
35 امر يبلغونه الى المنزل „ فلما بلغ بولس الى الدرج „ حملوه الشرط
36 من اجل زحام الناس لانه كان قد اتبعه اناس كثير يصرخون
37 ويقولون خذوه „ فلما بلغ بولس ان يدخل الى المنزل „ قال للوال
38 اذن الي اكلمك „ قال له تحس اليونانية اليس انت ذلك المصرى „
الذى قبل هذه الايام فزعت „ واخرجت الى البرية اربعه الاف f. 41a
39 نفسا „ اهل الدغرة „ قال له بولس انى رجل يهودى من طرسوس
قيليقية مدينة مذكورة وفيها ولدت ولاكن اريد منك تاذن لى
40 اكلم الشعب „ فلما اذنه قام بولس على الدرج فكفهم بيده فلما
XXII. 1 سكتوا كلمهم بالعبرانية „ وقال يا رجال الاخوة والابا „ استمعوا
2 عذرى اقول لكم فلما سمعوا انه يكلمهم بالعبرانية كفوا ايضا „
3 فقال لهم انى رجل يهودى „ ومولدى من طرسوس قيليقية وربيت
فى هذه المدينة عند رجلى جمليل „ وتادبت فى ناموس ابانا
4 مكملا „ وكنت غيور الله كما انتم ايضا كذلك انتم „ وطردت هذا

[1] Cod. راو [2] Cod. بسنسلتين

ACTS XXII. 5—20.

f. 41 b الطريق حتى الموت وكنت اربط واسلم الى السجن رجال ونسا "
كما قد شهد علي سادة الاحبار " وجميع القدما " انى منهم اخذت 5
الكتب ان اذهب الى الاخوة الذين فى دمسق " كما اقود اوليك
الذين ثم الى اورشلم " فى اوثاق " ويعاقبون " فلما كنت منطلقا 6
عند ما اشرفت على دمشق " عند ورك النهار " بغتة من السما برق
عليه نورا كثيرا " فوقعت على الارض فسمعت صوت يقول " شاول 7
شاول " لماذا تطردنى " فاجبت وقلت له من انت رب " فقال لى انا 8
انا يسوع الناصرى " الذى انت تطرده " والذين كانوا معى "¹ راوا 9
النور اما صوت الذى كان يكلمنى فلم ²يسمعوا " فقلت ماذا 10
رب " وربنا قال انهض وادخل الى دمشق " وثم يقال لك كل شى
توصى به ان تصنع " وعند ما لم اكن ابصر من اجل عظمة f. 42 a 11
ذلك النور اخذونى بيدى الذين كانوا معى " وادخلونى الى دمسق "
ورجل يقال له حننيا بار فى الناموس كما يشهدون عليه جميع 12
اليهود الذين ثم " اتانى وقال يا اخى شاول افتح عينيك فانفتحن 13
³اعينى " مكانه " فنظرت اليه " وقال لى اله ابانا اقامك كما تكون 14
تعرف مسرته وترى الصديق " وتسمع الصوت من فمه وتكون لى 15
شاهدا " عند جميع الناس على كل شى سمعت ورايت " والان 16
لماذا انت غافل قم فاعتمد لكيما تطهر من خطيتك " اذ ⁴تدعو
اسمه " ثم انى رجعت الى هاهنا الى اورشلم " وصليت فى الكنيسة 17
ورايته بالريا يقول لى استعجل اخرج من اورشلم من اجل انهم 18
لا يقبلون شهادتك علي فقلت رب هم ايضا يعرفون انى f. 42 b 19
كنت اسلم الى السجن " فانكل فى كل جماعة " للذين امنوا
بك " وحين كان يهراق دم اسطفان شاهدك " كنت انا ايضا قايم 20
معهم " وكنت اتبع هواهم فى قتله " وكنت رقيب على ثياب

¹ Cod. راو   ² Cod. يسمعون   ³ Cod عينى   ⁴ Cod تدعوا

ACTS XXII. 21—XXIII. 6.

21 الذين كانوا يرجمونه ، فقال لى انطلق فانى ارسلك الى البعد
22 لتكرز الامم ✢ فلما استمعوا الى هذه الكلمة قول بولس ، رفعوا اصواتهم ، وقالوا يوخذ عن الارض الذى هو كذلك لا ينبغى له
23 ان يحيا ، واذ كانوا يزغمون ويلقون ثيابهم ويعفرون الى السما ،
24 امر الوال يدخلونه الى المنزل ويجلدونه ويسل لكيما يكون
25 يعرف ، لاى سبب كانوا يصرخون ، فلما مدوه بالسيور ، قال بولس لصاحب الشرط الذى كان مامور به ، هل امرتم ان يجلدون
26 رجل رومى على غير اساة ، فلما سمع صاحب الشرط ذلك ، اقترب
27 الى الوال وقال له ¹ماذا تصنع ، هذا الرجل رومى هو ، فاتاه
28 الوال ، وقال له اخبرنى رومى انت ، فقال له نعم ، فقال الوال مجيبا اخبرك انى اقتنيت الرومية بمال كثير ، فقال له بولس انا
29 ايضا فيها ولدت ، اذ ذلك انصرفوا عنه الذين ارادوا جلده ، فخرج
30 الوال حين عرف انه رومى لما كان وثقه ، فمن الغد اراد يعرف بيان ما كانوا يقولون فيه اليهود ، فاطلعه وامر ان ياتونه ، ربانى

XXIII. 1 الاحبار ، وكل جمع ساداتهم ²وسدر بولس وانزله واقامه بينهم ، فلما نظر بولس الى جمعهم قال ، يا رجال الاخوة ، اعلمكم انى بكل
2 نية صادقة عملت بين يدى الله حتى اليوم ، اذ ذلك امر حننيا
3 الحبر للذين قيام قيام عنده ، ان يضربون بولس على فمه ، فقال له ان الله لقريب ان يضربك يا ³حيط مجصص ، وانت جالس تدينى
4 كمثل ما فى الناموس ، وانت تعصى الناموس ، وتامر بضربى ، فقال
5 له من كان قيام ، على حبر الله تقترب ، فقال بولس لم اعرف يا
6 اخوة انه حبر ، مكتوب هو لا تعان سادة شعبك ، فلما عرف ان الامة هى فريقين ، منهم زنادقة ومنهم ربونين ، صاح بالجماعة وقال ، يا معشر الاخوة ، انى رجل ربونى بن الربونين ، وعلى رجا

---
¹ Cod. ماذ   ² Syr. ܘܣܕܪ   ³ Sic in Cod.

۳۳

ACTS XXIII. 7—20.

7 قيامة الاموات ادان ، فلما قال ذلك وقع بعضهم فى بعض ،
8 الربونين والزنادقة ، فافترقت الامة الزنادقة والربونين ، الزنادقة يقولون
ليس قيامة ولا ملايكة ولا روح ، اما الربونين فيصدقون بكل ذلك ،
9 وكان صراخ شديد ، فنهض اناس من الكتاب سندوا الربونين
يصاحبونهم[1] ويقولون ما وجدنا فى هذا الرجل اساة ، فان كان
10 كلمه روحا او ملاكا ما عسى يكون ، فلما طال الارتجاس بينهم
وكثر جزع الوال ، ليلا ، يخلعون بولس ، اذ ذلك بعث الى روم
f. 44 b 11 ان يخطفونه من بينهم ، ويدخلونه الى المنزل ، فعند الليل
ارى ربنا لبولس ، وقال له اعتصم ، لانك كما شهدت على فى
12 اورشلم ، كذلك وايضا متهى انت [2]ان فى رومية ✤ فمن الغد
اجتمع اناس من اليهود ، فاحرموا عليهم ان لا يذوقون طعاما ولا
13 شرابا حتى يقتلون بولس ، فاولايك الذين تعاهدوا بهذا الحلف
14 كانوا زيادة على اربعين رجلا ، فاتوا الاحبار والقدما ، وقالوا انا قد
تعاهدنا ان لا نطعم شيا الا ما قتلنا بولس [3]فهلم انتم وسادات
15 الجماعة ، واطلبوا الى الوال لينزل به اليكم ، كانكم تريدون
f 45 a تبحثون عن بيانة امره ، ونحن متهيبين فى قتله قبل ان يصل
16 اليكم ، فسمع هذه المشورة بن اخت بولس فدخل الى المنزل
17 واخبر بولس بذلك ، اذ ذلك بعث بولس الى احد من الملا دعاه
18 وقال له ، ابلغ هذا الشاب الى الوال له امر يكلمه به ، فابلغه ،
20 وقال بولس الاسير دعانى ان [4]اتى هذا الشاب اليك ، زعم ان له
19 امر يكلمك به ، فاخذ الوال بيد الغلام وابرزه الى جانب ، وكان
20 يسله عن قصته ، فقال الشاب ان اليهود قد اتمروا يريدون منك

[1] Cod. يساخبونهم
[2] تشهد is inserted above the line, and probably ان should have been inserted also.
[3] فهلمو [4] Cod ات

G.

5

تنزل بولس الى جماعتهم زعموا يريدون يتعلمون منه ايضا شى
21 فاضل „ فلا تجيبهم الى ذلك „ ولقد [1]رصدوا له منهم زيادة على
f. 45 b اربعين رجلا ينتظرون واقسموا على انفسهم ان لا يطعمون ذواقا
22 حتى يقتلونه „ وهم مستعدين ينتظرون ميعادك „ فسرحه الوال واوصاه
23 يكتم الامر الذى اخبره „ [2]اذ ذلك[2] دعا رجلين من الملا „ وقال لهما
انطلقا [3]فتهيوا من الروم ميتين رجلا يذهبون الى قيسارية وسبعين
فارسا „ وميتي راميا باليمين فيخرجون عند ثلثه ساعات من الليل
24 وهيوا ايضا دابة يركبها بولس ويخلصونه الى فلكاس القاضى „
25, 26 وكتب كتاب ودفعه اليهم مكتوب هاكذا قولوديوس لوسيوس „ الى
27 فلكاس القاضى الممدوح سلم „ هذا الرجل اخذوه اليهود ليقتلوه
28 فوازرت الروم وخلصته اذ استبان لى انه رومى „ فلما اردت ان
f. 46 a اعرف سبب الامر الذى من اجله كانوا يبغون عليه „ انزلته الى
29 جمعهم „ فاستبان لى عن بغيهم عليه انها كانت كلمة فى عتاب
30 ناموسهم „ اما امر يستحق عليه وثاق او موت فلم اجد عليه „ فلما
خبرت عن رصد اليهود مكرا سرحته اليك „ وامرت خصمه يرتفعون
31 اليك ويكلمونه „ بين يديك „ تكون فى عافية ✤ اذ ذلك الروم كما
امروا ساقوا بولس ليلا „ وجابوا به الى مدينة يقال لها انطيبطروس „
32 ومن الغد سرحوا الفرسان اصحابهم الرجالة ليرجعوا الى المنزل „
33 فلما بلغوا قيسارية دفعوا الكتاب الى القاضى „ وابرزوا بولس بين
34 f. 46 b يديه „ فلما قرا الكتاب كان يسله من اى سلطان هو „ فلما عرف
35 انه من قيليقية „ قال له اذا [4]جاوا خصمك سانظر فى امرك „ فامر
XXIV. 1 ان يحفظ فى سلطان هيرودس ✤ فمن بعد خمسة ايام هبط
خننيا سادة الاحبار مع القدما وطرطالوس المنجم „ فاخبروا القاضى

[1] Cod رصدو [2] Cod. اذلك
[3] Cod. فيهوا [4] Cod. جاو

عن بولس ، فلما دعى بدا طرطالوس يحرش عليه ويقول ، فى 2
كثرة السنين هى عمر اننا فى جناحك وصلاح كثير كان لهذه
الامة فى سبب ¹حرسك ، وكلنا فى كل مكان نحمدك يا فلكاس 3
الممدوح ، ولكيما لا نعنيك بكثرة الكلام اريد منك ان تسمع الى 4
خباثتنا قليلا ، وقد اصبنا هذا الرجل مفسد يهيج الارتجاف على 5
جميع اليهود الذين فى كل الارض ، وهو راس تعليم النصارى ، وقد 6
اراد ينجس كنيستنا ، فلما اخذناه اردنا نقضى عليه كما فى
ناموسنا ، فجانا لوسيوس الوال وفى زحام شديد انتزعه من يدينا 7
وارسله اليك وامر خصمه ياتونك ، وانك ان سالته عرفت من قوله 8
كل الذى نخاصمه فيه ، فصاحوا ايضا اليهود وقالوا ، هذا كذلك 9
هو ، اذ ذلك امر القاضى بولس ان يتكلم ، فاجاب بولس وقال من 10
سنين كثيرة اعرف انك قاضى هذه الامة ، ومن اجل ذلك بفرح
شديد ارد الجواب ، عن نفسى ، ان تكون تستطيع ان تعرف ان 11
ليس لى اكثر من اثنا عشر يوما منذ طلعت الى اورشلم ان
اصلى ، ولم يجدونى اكلم احدا لا فى الكنيسة ، ولا جمعت جماعة 12
ايضا ²لا فى جماعتهم ، ولا فى المدينه ، ولا يستطيعوا ان يتكلمون 13
فى الذى يخاصمونى ، ولاكنى اعترف انى بهذا العلم الذى 14
يقولون اعبد الله ، اله ابايى ، اذ اومن بكل شى مكتوب فى
الناموس ، وفى الانبيا ورجا بى على الله الذى هم ايضا كذلك 15
يرجون ، انها عتيد ان تكون القيامة من بين الاموات ، للابرار
والمجرمين ، ومن اجل ذلك اشحص لتكون لى نية ³زكية بين 16
يدى الله والناس فى كل حين ، وقد قدمت بعد سنين كثيرة 17
الى قومى كما اجعل صدقة واقرب قربان ، فابصرونى هاولى فى 18
الكنيسة ، ⁴اتزكى ، لا مع جماعة ولا ايضا فى سجس ، الا ما كان

¹ Cod. حرصك ² Cod. الا ³ Cod. ذكية ⁴ Cod. اتذكى

ACTS XXIV. 19—XXV. 8 ٣٦

19 من سجس ״ اناس من اليهود قدموا من اسية الذين كان ينبغى
f. 48a 20 لهم ان يقومون معى ״ بين يديك ويخاصمونى بما عندهم او
يقولون هاولى اى [1]سيئة راونى ״ حين قمت بين يدى جمعهم ״
21 الا ان هذه وحدها اذ انا بينهم صرخت ״ انى على قيامة الاموات
22 ادان اليوم بين يديكم ״ ولما كان يعرف فلكاس هذا الطريق حثيثا
23 عجب وقال اذا جا الوال سااقضى بينكم ״ وامر صاحب الشرط ان
يضم بولس اليه معافى ״ ولا يمنع احد من معارفه ان يخدمه ״
24 ومن بعد ايام يسيرة بعث فلكاس ودورسلة امراته وكانت يهودية ״
25 فدعوا بولس اليهما لكيما يسمعون منه عن ايمان المسيح ״ فعند ما
كان يكلمهما عن البر وعن التقديس ״ فعن الدين العتيد ״ امتلى
f. 48b فلكاس مخافة شديدة ״ وقال اذهب الان فاذا كان لى فراغ ساابعث
26 اليك ״ وقد كان [2]يرجو من بولس مصانعة ״ ولذلك كان يبعث
27 على اثره فى كل حين يكلمه ״ فلما اتى عليه ثم سنتين ولى
مكانه قاضى اخر يقال له برقيوس بهسطوس ״ اما فلكاس كما ينعم
XXV. 1 على اليهود ترك فى الوثاق ״ فلما جا بهسطوس الى قيسارية بعد
2 ثلثة ايام طلع الى اورشلم ״ اذ ذلك اخبروه ربانى الاحبار وسادات
3 اليهود ״ عن بولس ״ وكانوا يطلبون ويسالونه هذه المسلة ان يبعث
ويجيبه الى اورشلم وكانوا قد رصدوه فى الطريق ״ ان يقتلونه ״
4 فاجابهم بهسطوس وقال ״ بولس محفوظ فى قيسارية ״ وانا مسيرى
f. 49a 5 عاجلا ״ فمن كان منكم يستطيع يهبط معنا كما يخاصم الرجل فى
6 اساته فعل ☘ فلما قام ثمة ثمانية [3]عشر ليلة ״ هبط الى قيسارية ״ فمن
7 الغد قعد على الكرسى ״ فامر بجاية بولس ״ فلما جا احتوشته اليهود
الذين هبطوا من اورشلم ״ وكانوا يقولون فيه ملامات كثيرة
8 شديدة ״ ما لم يكونوا يستطيعوا اعلانه ״ وكان بولس يتكلم ويقول

[1] Cod. سية [2] Cod. يرجوا [3] Cod. اعشر

انه لم يسى شيا ، لا بناموس اليهود ، ولا فى الكنيسة ، ولا بقيصر ،
اما بهسطوس لما كان يريد ينعم على اليهود ، قال لبولس تريد ان 9
تطلع الى اورشلم وتدان ثم بين يدى ، فاجاب بولس وقال ، لا ، 10
ولاكنى اقوم عند منبر قيصر ، ثم ينبغى لى ان ادان ، لانى لم
اسى الى اليهود شيا كما قد عرفت انت ذلك ايضا ، وان كنت 11 f 49 b
اسيت او صنعت شيا اشجب به الى الموت فلا امتنع من الموت ،
وان لم يكن عندى شيا مما يقولون في فليس احد [1]يعطينى لهم
موهبة ، فقد استغثت بقيصر ، اذ ذلك كلم بهسطوس اهل مشورته ، 12
وقال ، استغثت بقيصر الى قيصر تذهب ✤ فبعد ايام هبط اغربوس 13
الملك ، وبرنيقة الى قيسارية يسلمون على بهسطوس ، فلما اقاموا 14
عنده ايام ، اخبر الملك عن خصومة بولس وقال ، رجل اسير ترك
من سلطان فلكاس ، واذ كنت فى اورشلم اخبرونى عنه ربانى 15
الاحبار وسادات اليهود وطلبوا منى ان انتقم لهم منه ، فقلت لهم 16 f. 50 a
ليس للروم سنة يعطون انسان موهبة الى القتل ، حتى يجى
خصمه ويوبخه فى وجهه ، ويمكن عن الجواب عن نفسه عن كل
ما يعاتبونه ، فلما قدمت هنا همنى الامر ، وجلست من الغد على 17
الكرسى ، وامرت ان يدعى بالرجل ، [2]فتواقف وقام معه خصمه ، فلم 18
تكن لهم حجة بينه كما كنت ارى ، ولاكن عتاب باشيا فى 19
عبادتهم كان عنده ، وعن يسوع بانسان قد مات ، الذى يقول
بولس انه حى ، ولانى لم [3]اقم على هذه الخصومة قلت لبولس 20
ان اردت ان ترتفع الى اورشلم ، وثم تدان مع خصمك ، فاراد 21
هو ان يرتفع الى قضا قيصر ، فامرت ان يحفظ حتى ارسله الى f. 50 b
قيصر ، فقال اغربوس كنت اريد ان اسمع من هذا الرجل ، فقال 22
بهسطوس غدا تسمع منه ، فمن الغد ، جا اغربوس وبرنيقا فى 23
موكب عظيم ، وولجوا الى بيت الحكم ، مع الولاة وسادات المدينة ،

[1] Cod. يعطنى [2] Cod فتوافق [3] Cod. اقوم

ACTS XXV. 24—XXVI. 11 ٣٨

24 فامر بهسطوس ان يوتى بولس „ فقال بهسطوس ايها الملك اغربوس
وكل الذين معنا „ هذا الرجل الذى ترون تخرصت عليه كل
جمع اليهود فى اورشلم وهنا ايضا يصيحون عليه انه لا ينبغى „
25 يحيا „ وانا فهمت انه لم يفعل شيا يوجب عليه الموت „ ولما قد
26 اراد ان يرتفع الى حكم قيصر „ امر ان يبعث „ ولا اعلم ماذا
f. 51 a اكتب اليه فيه „ ولذلك اردت ان اتى به قدامكم „ واكثر بين
يديك ايها الملك اغربة اذا اسل عن خصومته استطيع ان اعلم
27 ايشى اكتب لانه لا ينبغى ان يبعث رجل فى وثاق ولا يكتب
XXVI. 1 قصته „ فقال اغربوس لبولس قد اذنت لك ان تكلم عن نفسك „
2 اذ ذلك بولس بسط يده وكان يتكلم ويقول „ ان فى كل ما
يعاتبونى اليهود „ ايها الملك ارى نفسى انى من اهل الغبطة „ حين
3 اتكلم بين يديك اليوم عن نفسى „ اكثر لما اعلم انك عارف بكل
عتاب وشرايع اليهود „ فمن اجل ذلك اريد منك ان تسمع كلامى „
f. 51 b 4 بتودة „ وقد عرفوا ايضا اليهود ان ارادوا ان يشهدون عن سياستى
من صغرى التى كانت لى من البدى فى امتى وفى اورشلم
5 من اجل انهم يعرفونى من زمان ويعلمون انى حييت بافضل
6 علم الربونين „ والان على رجا الميعاد الذى كان لابانا من الله
7 انا قايم وادان „ ان على هذا الرجا اثنا عشر [1]قبيلة ترجى ان تبلغ
بصلاوات شاخصات النهار والليل „ فعلى هذا الرجا اعتاب من اليهود „
8 ايها الملك اغربة „ فماذا تقضون الا ينبغى ان نومن ان الله يقيم
9 الموتى „ ولقد كنت جعلت فى فكرى قديما ان اكثر الداد مقابل
f. 52 a 10 اسم يسوع الناصرى الذى قد فعلته ايضا فى اورشلم „ واشجبت
اطهار كثير بالسلطان الذى قبلت من سادات الاحبار „ واذ كان
11 يقتل منهم شاركت الذين اشجبوهم اضرى بهم فى كل جمع „ اذ

[1] Cod قيل

ACTS XXVI. 11—25.

كنت اكلفهم ان يجدفون على اسم يسوع ، وبالغضب الشديد
الذى كنت قد احتميت عليهم، ايضا كنت اخرج الى مدن اخر ،
12 ان اكردهم ، واذ كنت منطلقا فى هذا الامر الى دمسق بسلطان
13 ورضا سادات الاحبار ، عند ورك النهار فى الطريق ، رايت من السما
5 ملكا برق على وعلى الذين كانوا معى ، نور افضل من الشمس
14 فوقعنا كلنا على الارض ، وسمعت صوت يقول لى بالعبرانية شاول
15 شاول لماذا تكردنى ، شديد عليك ان ترمح الاسنه ، فقلت من انت
16 رب ، فقال لى ربنا انا يسوع الناصرى الذى انت تكرده ، فقال
لى قم على رجليك من اجل ذلك استعلت عليك ان اقيمك خادما
17 وشاهدا ، على ما رايتنى وانت عتيد ان ترانى واخلصك من امة
18 اليهود ومن الامم ، الاخر التى ابعثك اليهم لتفتح اعينهم ، ان
يرجعون من الظلمة الى النور ، ومن منهج الشيطان الى الله ،
19 ويتقبلون مغفرة الخطايا ، وحظ مع الابرار بالايمان بى ، من اجل
20 ذلك ايها الملك اغربة لم [1]اقم منازعا مقابل الريا السماوى ، ولاكن
15 كرزت قديما للذين فى دمسق ، وللذين فى اورشلم ، وفى كل
قرى يهود ، وايضا كرزت الامم ، ان يتوبون ويقبلون الى الله
21 ويعملون عمل يسوى للندامة ، فعن ما ذكرت اخذونى اليهود فى
22 الكنيسة وارادوا قتلى ، فاعاننى الله الى يوم هذا ، وهذا انا قايم
واشهد للصغير وللكبير ، اذ لا اقول شيا خارج من موسى ولانبيا ،
20 ولاكن اقول ما قد قالوا هم ، انه عتيد ان ينصب المسيح ويكون
23 بادى القيامة ، من بين الموتى ، وعتيد ان يكرز للشعب والشعوب
24 نورا ❊ وعند ما كان يتكلم بولس صاح بهسطوس بصوت عالى
25 وقال ، قد جننت يا بولا علم كثير صنعك لعمرى ان تجن ، فقال
بولسى لم اجن يا ممدوح بهسطوس ، ولاكن كلامى حق وبالحكم

[1] Cod. اقوم

26 اتكلم ״ وايضا الملك اغربوس يعرف ذلك جدا ״ ومن اجل ذلك اتكلم
بين يديه علانية ״ لانه ليس ينسى شى من هذا الكلام كما ارى ״ لانه
27 ليس فعاله مكتوم ״ اتومن ايه الملك اغربة بالانبيا قد عرفت انك
28 تومن ״ فقال له اغربوس بشى قليل تريد منى ان اكون نصرانى ״
29 فقال بولس كنت اريد من الله بقليل وبكثير ليس لك فقط ولاكن
كل من يسمع اليوم كلامى ليكونوا مثلى ״ الا ما كان عن هذا
30, 31 الوثاق ״ اذ ذلك قام الملك وبرنيقة والذين كانوا فى مجلسهم فلما
[ذهب]وا ״ كان يكلم الرجل صاحبه ويقول ״ ما وجب على هذا موت
32 ولا وثاقا ״ فقال اغربوس لبهسطوس ״ لكان ينبغى هذا الرجل ان f. 54 a
XXVII 1 يطلق ״ لولا انه استغاث بقيصر ״ عند ذلك امر يهسطوس ان يبعث
الى قيصر ״ الى ايطالية ״ فدفع بولس واخرين من الاسرا معه الى
2 رجل راس ماية من اجناد سبسطية ״ يقال له يوليوس ״ فلما تهيا
المسير نزلنا الى السفينه وكانت من ادرميطوس المدينة ״ وكان
مسيرها الى بلد اسية ״ وكان قد دخل معنا الى السفينة ارسطاخوس
3 الماقذونى ״ الذى من تسالونيقة المدينه ״ ومن الغد اتينا صيدا ״
فاذا العامل رحم بولس واذن له ان يذهب الى اهل مودته يستريح
4 عندهم ״ فسرنا من ثم ״ ومن اجل ان الريح كانت مستقبلتنا درنا
5 على قبرس ״ وجزنا بحر قيليقية وبنبولية ״ واتينا مورا مدينة لوقية ״ f. 54 b
6, 7 فاذا بسفينة من الاكسندرية ״ تذهب الى ايطالية ״ فادخلنا فيها ״ ومن
اجل ان مسيرنا كانت ثقيلة الى كثيرة بعد الكد انتهينا مقابل
قنيدوس الجزيرة ״ ولما لم تكن تتركنا الريح ان نستقيم درنا على
8 قرطة مقابل سلمينا المدينة ״ وبعد الكد ونحن نسير حولها بلغنا
مكان يقال له المكلا الحسن ״ وكان قريب منها مدينه يقال لها
9 لاسية ״ فلبثنا ثم ايام كثير حتى جاز يوم صوم اليهود ״ وكان
10 البحر المسير فيه شديد ״ فاشارهم بولس وقال ״ يا قوم انا ارى

مسيرنا هذا انه فى مضرة وخسرة شديدة ″ ليس فقط السفينة وحملها f 55 a
ولاكن ايضا وانفسنا ″ اما العامل فكان يطيع قول النوتى ″ وصاحب 11
السفينه افضل من قول بولس ″ ولان المكلا ما كان يصلح ان 12
يشتى فيه الشتا ″ كثير منا سرهم ان نخرجون من ثم الى مكلا
كان فى قارطة ″ يقال له فونخوسى وكان مستقبل الى [1]اليمان ″
فلما تهيجت ريح [1]اليمان [2]ورواوا انهم سايبلغون كما يشتهون ″ 13
كنا نسير نحو قرطة ″ ومن بعد قليلا خرجت علينا ريح الزعزع ″ 14
يقال لها طوفنانقوسى اورقليضون ″ وخطفت السفينه ولم تستطيع ان 15
تقوم مقابل الريح ″ فاستايسنا ″ فلما جاوزنا [3]جزيرة يقال لها قودا 16
استطعنا ان نمسك القرقورة بعد الكد فاقلنا لما ضبطناها بصلاح 17 f 55 b
السفينة ″ ورمتها ومن اجل انا كنا متخوفين من الغرق انزلنا
الشراع وكذلك كنا نسير ″ فلما اشتد علينا الهيج من الغد القينا 18
فى البحر متاعنا ″ واليوم الثالث متاع السفينة القيناه بيدينا ″ فلما 19, 20
استمسك الشتا ايام وكثر ″ ولم نكن نرى شمس ولا قمر ″ ولا
كواكب ″ كنا قد استايسنا من الحياة ″ واذ لم يكن فينا من يطعم 21
شيا اذ ذلك قام بولس ″ وقال لو انكم كنتم [4]واتيتمونى يا قوم
ما كنا نسير من قرطة ″ وكنا ننجوا من الخسران ″ ومن هذه
المضرة ″ فالان اشير عليكم ان تتفرجون من جزبكم فان نفس 22
واحدة منكم لا تهلك الا ما كانت من السفينة ″ وقد ارى لى فى 23
هذه الليلة ملاك الله الذى انا له عبدا واياه اخدم ″ وقال لى لا 24 f 56 a
تخف يا بولا ″ انه ينبغى لك ان تقوم قدام قيصر ″ وهذه لك
عطية من الله انى قد وهبت لك كل من يسير معك ″ فمن اجل 25
ذلك اعتصموا يا قوم انى اومن بالله انه يكون كما قيل لى ″

[1] Heb. תֵּימָן [2] Cod. وراو [3] Cod. سفينة
[4] Sic in Cod.

26, 27 ولاكن نحن مطرحين الى جزيرة واحدة ، ثم من بعد اربعة
[1]عشر يوما وقد تهنا وشقينا ، فى هدريوس البحر عند انتصاف
28 الليل ظنوا النواتى انهم يقتربون الى الارض ، فالقوا الوزن ووجدوا
29 عشرين قامة ، فاما ساروا قليلا وجدوا خمسة [1]عشر قامة ، فعند ما
كنا متخوفين ان نقع فى اماكن الصخور ، القوا من موخر السفينة
30 اربع مراسى ، وكنا ندعوا الله ان يصبح لنا ، اما النواتى فارادوا
الفرار من السفينة ونزلوا الى القرقورة الى البحر بعلة ان يوثقون f. 56 b
31 السفينة فى اليبس ، فلما راى ذلك بولس قال للعامل والشرط اعلمكم
32 ان لم يلبثون هاولى فى السفينة لا تعيشون انتم ، اذ ذلك اخذوا
33 الشرط فقطعوا حبال القرقورة من السفينة وتركوها طايفا ♣ اما بولس
فلم [2]يزل بهم يطلب اليهم حتى الصبح كما يتناولون طعاما ،
وكان يقول اليوم لكم اربعة [1]عشر يوما منذ لم تطعمون شيا من
34 المخافة ، من اجل ذلك اريد منكم ان تطعمون طعاما يقويكم ،
35 فان شعرة واحدة لا تهلك من راس احدكم ، فلما قال ذلك اخذ
36 خبز وحمد الله قدام كلهم ، وقسم واخذ يطعم ، اذ ذلك تفرجوا f. 57 a
37 كلهم وتناولوا طعاما ، وقد كنا فى السفينة ستة وسبعين وميتى
38 نفسا ، فلما شبعوا خففوا عن السفينة ، واخذوا قمح كان معهم
39 والقوه فى البحر ، فلما اصبحنا النواتى لم يعرفوا اى بلدة هى ،
ولاكن نظروا الى جانب واحد من البحر حيث كانوا يفكرون
40 ان استطاعوا يدفعون السفينة اليه ، فقطعوا المراسى من السفينة ،
وتركوها فى البحر ، وحلوا وثاق السكان ، ورفعوا الشراع الصغير
41 لريح قد هبت ، وكانوا يسيرون [3]نحو اليبس ، [4]ووجدت السفينة
مكان مشرف بين عمقين من البحر ، وتعلقت به ، وقام على جانبها
الاول ، وما كان يتحرك ، فاما جانبها الاخر فانحل من شدة

[1] Cod. اعشر [2] Cod. يزال [3] Cod. نحوا [4] ووجست

ACTS XXVII. 42—XXVIII. 13

الامواج ، فارادوا الشرط يقتلون الاسرا ليلا يسبحون ويهربون فنهاهم ٤٢, ٤٣ f. 57 b
عن ذلك العامل من اجل انه كان يسره ان يحيى بولس ، فاما
الذين كانوا يسبحون منهم امرهم ان يسبحون فى الاول ويعبرون
الى الارض ، واما ساير ذلك فعبروهم على دفوف وعلى خشب ٤٤
السفينة ، وكذلك خلصوا كلهم الى الارض ✤ ومن بعد ذلك استبان XXVIII. ١ ٥
لنا ان تلك الجزيرة يقال لها ميليطة ، والبربر يسكنوها ، فرحمونا ٢
اوليك البربر كثيرا ، واوقدوا نارا ودعونا نتسخن ، من اجل ما كان
قد مسنا كثرة الامطار والبرد ، فاخذ بولس شى من الحشيش وجعله ٣
على النار فخرجت منه افعى من سخونة النار فلدغته بيده ، فلما ٤
¹راوا البربر الافعى متعلقة بيده قالوا لعل هذا الرجل قاتول ، حين ١٠ f 58 a
خلص من البحر لم يتركه البر ان يحيا ، اذ ذلك نفض بولس يده ٥
فوقع الافعى فى النار ولم ²يصبه الا خيرا ، وقد كانوا يرون البربر ٦
انه يتمسى مكانه ، ويقع ميت على الارض ، فلما انتظروا ساعة
واكثروا ³وراوا انه لم ²يصبه الا خيرا ، غيروا كلامهم وقالوا انه
اله ، وكان فى تلك المدينة قرا لرجل يقال له بوبلس ، وكان ١٥ ٧
سيد تلك الجزيرة فقبلنا فى بيته ثلثة ايام مسرورا فرحا ، اما ابو ٨
بوبلس فقد كان محموما ، مريضا من وجع الامعا ، فدخل اليه
بولس وصلى وجعل يده عليه وابراه ، فلما كان ذلك ، ايضا كانوا ٩
يجون المرضى الذين فى تلك الجزيرة ويبرون ، فاكرمونا كثيرا ١٠ f. 58 b
واكثروا ، ولما خرجنا من ثم زودونا وخرجنا بعد ثلثة اشهر ، ٢٠ ١١
وسرنا فى سفينة الاكسندرانية ، كانت قد شتت فى تلك الجزيرة ،
وكانت عليها التوامين ، فجينا سرقوسة المدينة فلبثنا ثم ثلثة ايام ، ١٢
ومن ثم درنا حتى بلغنا رجيون المدينة ، وبعد ذلك بيوم واحد ١٣
هبت لنا ريح اليمان وجينا الى فوطياليس ، مدينة ايطالية فى

¹ Cod. راو   ² Cod. يصيبه   ³ Cod. وراو

14 يومين „ فلقينا ثم اخوة „ فطلبوا الينا فلبثنا عندهم سبعة ايام „ اذ
15 ذلك ذهبنا الى رومية „ فلما بلغ الاخوة الذين ثم „ خرجوا بلقانا
الى سكة يقال لها ابس بوروس وحتى ثلثة [1]خوانين „ فلما راى بولس
16 ذلك حمد الله واعتصم فدخلنا الى رومية وقال العامل لبولس ان f. 59 a
17 ينزل حيث اراد مع الشرطى „ الموكل به „ فمن بعد ثلثة ايام „
بعث بولس فدعى اليه سادات اليهود „ فلما اجتمعوا قال لهم „ يا
معشر الاخوة „ اعلمكم انى اذ لم [2]اقم مقابل الشعب وناموس ابانى
18 بشى دفعونى بالوثاق من اورشلم بيد الروم „ وهم لما استبحثوا
عنى ارادوا يخلون سبيلى „ من اجل انهم لم يجدوا في ملامة
19 تشجب الى الموت „ فلما ضادونى اليهود كلفت ان استغيث بقيصر
20 بلا محل ان امحل بهم „ من اجل ذلك اردت منكم „ ان تجونى
حتى اراكم واخبركم ما قد سمعتم من اجل انى على رجا
21 اسرايل انا موثق بهذه السلسلة „ فقالوا له اما نحن فما جانا فيك
كتاب من يهود ولا احد من الاخوة الذين [3]جاوا من اورشلم f. 59 b
22 ذكروا لنا فيك [4]سيئة „ ولاكن يسرنا ان نسمع منك رايك „ من
23 اجل ان هذا العلم قد عرفنا انه ليس هو مقبولا „ فجعلوا له يوم
معلوم „ واجتمعوا اليه منهم اناس كثير حيث كان نازل „ فبدا
واعلن لهم عن ملكوت الله يشهد ويريهم عن يسوع من ناموس
24 موسى ومن الانبيا من غدوة الى المسا „ فكان اناس منهم قد [5]واتوا
25 قوله „ واخرين منهم فلم [5]يواتونه „ وخرجوا من عنده وهم لا يتفقون
بعضهم بعض „ فقال لهم بولس هذه الكلمة „ بالحق تكلم روح
26 القدس على لسان اشعيا النبى „ مقابل اباكم وقال „ اذهب الى هذا
الشعب „ [5]وقول لهم „ سمع تسمعون ولا تفهمون وترون ولا تبصرون „

[1] Cod. خوانيت [2] Cod. اقوم [3] Cod. جاو
[4] Cod. سية [5] Sic in Cod.

II Peter ii. 10³—19.
(From a Photograph by Mrs Gibson.)

f 60a 27 غلظ قلب هذا الشعب وثقل سمعهم وغمضوا اعينهم ليلا يرون
باعينهم ويسمعون باذانهم ويفكرون بقلوبهم ، ويتوبون الي واغفر لهم ،
28 فاعلموا هذا يقينا ان هذا الخلاص من الله بعث الى الامم الذين
30 ايضا يسمعونه ، فاستاجر بولس من الذى له بيت فلبث فيه سنتين ،
31 وكان يقبل كل من جاه من الناس ، وكان يكرز عن ملكوت الله
وكان يعلم علانية عن ربنا يسوع المسيح بلا امتناع

✤ ✤ ✤ ✤ ✤ ✤ ✤ ✤ ✤

كمل بركسيس السليحين الاثنا عشر والحمد لله الذى اعان
وسلم ✤

✤ ✤ ✤ ✤ ✤ ✤ ✤ ✤ ✤

I 1 رسالة يعقوب السليح يعقوب عبد الله وربنا يسوع المسيح ، الى
2 اثناعشر قبايل مفترقة فى الشعوب السلم ✤ يكون لكم كل فرح يا
f 60b 3 اخوة ، حين تدخلون فى البلا الشديد الكثير ، اتعلمون بحق ان
4 تجربة الايمان يقتنيكم الاصطبار ✤ والاصطبار يكون له فرح تام ،
5 لتكونوا تامين كاملين ، ولا تنتقصون بشى ، فان كان انسان ناقص
الحكمة ، فيسل الله الذى يعطى لكل فى سعة ولا يغير ، فتعطى
6 له ، يسل بالايمان بغير ان يشك ، فاما الذى يشك فيشبه امواج
7 البحر ، التى تسجسها الريح ، لا يفتخر ذلك الانسان الذى ياخذ
8, 9 من الرب شى الذى فى قلبه شك ، وفى كل سبله سجس ، يفتخر
10 الاخ المتضع برفعته ، والغنى باتضاعه ، من اجل ان كمثل زهر
11 العشب كذلك يجوز ، تشرق الشمس فى سخونتها فييبس العشب ،
وزهره يقع ، وحسن بشاشته يهلك ، كذلك ايضا الغنى يهيج بعمله ،
f. 61a 12 طوبى لرجل يصبر على البلا ، فاذا جرب ياخذ اكليل الحياة ،
13 الذى عهد الله للذين يحبونه ✤ لا يقول انسان اذا ابتلى ان
14 الله ابتلانى ، الله لا يبتلى بالسيات ، وهو لا يبتلى احد ، ولاكن

15 انسان انسان من شهوته يبتلى „ ويشتهى ويساق „ وهذه الشهوة تحمل
16 وتلد الخطية „ والخطية اذا تمت تلد الموت ♣ لا تطغون يا اخوة
17 المحبوبين „ كل عطية صالحة تامة تنزل من فوق „ من اب النور „
18 الذى ليس عنده تغيير شى „ ولا ايضا شبه يتغير „ هو سره فولدنا „
19 بكلمة الحق „ لنكون اول خليقته ♣ فانتم يا اخوة المحبوبين „ كل
20 انسان منكو يكن يسمع عاجلا „ ويوخر يتكلم „ ويوخر يغضب „ فان
21 غضب الرجل لا يعمل صدق الله „ من اجل هذا ابعدوا منكم كل
f 61 b دنس وكثرة السيات „ والخباثة „ فاقبلوا الكلمة التى نصبت فى
22 [1]ضمائرنا „ التى تستطيع ان تحيى انفسكم „ كونوا عاملين الكلمة „
23 ولا سامعين فقط „ ولا تطغون انفسكم „ فان كان انسان سامع
24 الكلمة ولا عاملها „ فهذا يشبه الذى [2]راى وجهه فى المراة „ فقد
25 راى نفسه وجاز „ ونسى كيف كان „ كل من نظر فى تمام ناموس
[3]الحرورية وثبت فيه „ فليس هو سامع السمع الذى ينسى „ ولاكن
26 فاعل الفعال „ وهذا يكون له عطية فى عمله „ وان ظن انسان انه
يخدم الله ولا يمسك لسانه „ ولاكن يطغيه قلبه فهذا خدمته
27 باطل ♣ اما الخدمة [4]الزكية المقدسة قدام الله الاب „ فهى هذه „
f. 62 a ان تطلع اليتامى والارامل فى بلاهم „ وان يحفظ الانسان نفسه
II 1 من العالم بغير ملامة „ يا اخوة لا تكونوا تمسكون امانة مجد ربنا
2 يسوع المسيح باخذ بالوجوه „ ان دخل الى جماعتكم انسان خاتمه
3 من الذهب او ثيابه حسنة „ ويدخل مسكين بثياب وسخة „ فتنظرون
الى الذى عليه ثياب حسنة وتقولون له انت اجلس هاهنا نعما „
وتقولون للمسكين انت قم بعيدا „ او اجلس هاهنا فى اخر اقدامنا „
4, 5 اليس شاقتم بانفسكم „ وصرتم مميزين الهموم للسيات „ استمعوا يا

[1] Cod. دمارنا [2] Cod. را *passim* [3] Cod. الحررية
[4] Cod. الذكية

f. 62 b اخوة المحبوبين ، اليس لمساكين العالم اختارهم الله ، اغنيا فى
الايمان ليكونوا ورثة فى الملكوت التى عهد الله للذين يحبونه ،
6 اما انتم رفضتم المسكين ، افليس قد استطالوا عليكم الاغنيا ، وهم
7 يقودونكم الى مقام الدين ، اليس هم يجدفون على الاسم الصالح
8 الذى دعى عليكم ، وان كنتم بهذا تتمون ناموس الله ، كما هو
9 مكتوب ، ان تحب قريبك مثل نفسك نعما تصنعون ، وان كنتم
تاخذون بالوجوه ، فخطية تعملون ، وتبكتون من الناموس مثل
10 مخالفى الناموس ، فالذى يحفظ كل الناموس ويزل بواحدة ، فقد
f. 63 a 11 شجب لكل الناموس ، الذى قال لا تزنى ، هو الذى قال لا تقتل ، وان
12 لم تزنى ، لاكن تقتل ، فقد صرت مخالف الناموس ، كذلك تكونوا
تكلمون ، فكذلك تكونوا [1]تعملون ، مثل اناس الذين ينبغى لكم ان
13 تدانون فى ناموس [2]الحرورية ، يكون بحق دين ليس فيه رحمة
14 على الذى لا يرحم ، تستطيلون بالرحمة على الدين ، اى منفعة
يا اخوة ان قال انسان لى ايمان وليس له عمل ، العل تستطيع
15 امانته ان تحييه ، وان اخ او اخت يكونوا عراة وليس لهما معيشة
16 اليوم ، فيقول لهما انسان منكم انطلقا بالسلم تسخنا واشبعا ، ولا
f 63 b 17 تعطونهما معيشة الجسد ، ماذا ينتفع ، كذلك ايضا ايمان بغير
18 عمل ، هى ميتة وحدها ، ان قال انسان لك ايمان ولى عمل ،
19 فارنى ايمانك بغير عمل ، وانا اريك امانتى من عملى ، اتومن ان
الله هو واحد نعما تصنع ، ايضا الشياطين يومنون ، ويرتعدون ،
20 اتريد ان تعلم ايه الانسان الضعيف ، ان الايمان بغير العمل ميتة
21 هى ، ابونا ابرهيم لم يبر من العمل حين اصعد ابنه على المذبح ،
22 اترى ان امانته قد اعانت اعماله ، ومن الاعمال كملت امانته ،
23 وتم الكتاب حيث قال امن ابرهيم بالله واعد له بر ، ودعى

[1] Cod. تعلمون [2] Cod. الحررية

24 حبيب الله „ الا ترى ان من الاعمال يبر الانسان „ وليس من الايمان
25 فقط „ كذلك ايضا راحب الزانية الم تبر من العمل „ حين قبلت
26 f 64 a الجواسين „ واخرجتهم فى طريق اخرى „ كما ان الجسد بغير
III 1 الروح ميت „ كذلك الايمان ايضا بغير العمل ميتة هى „ يا اخوة
لا يكون فيكم معلمين كثير ولاكن تكونوا تعلمون „ انا نحتج
2 الى دين فاضل „ كثير بحق نزل كلنا „ كل من لم يزل بكلمة „
فهذا هو رجل تام „ ان يستطيع ايضا ان يخضع كل جسده ♣
3 فهذا اللجام نجعله فى فم الدابة لكيما تطاوعنا „ وكل جسدها
4 نقلب „ ايضا السفن العظام حين تسوقهن الريح الشديدة من عود
5 صغير يختطفن الى حيث يريد الذى يدبر „ كذلك ايضا اللسان هو
6 f. 64 b مفصل صغير ويثير „ وايضا نار قليل تحرق قصب كثير „ واللسان
هو النار „ وعالم الخطية „ مثل غيضة القصب „ واللسان اذ هو فى
جسدنا „ يوسخ كل جسدنا „ ويحرق عشيرة قبايلنا „ التى تجرى
7 مثل العجل „ ويحترق هو ايضا بالنار „ كل طباع الدواب والطير „
8 [1]ودباب البحر واليبس „ يتطاوعن لطباع البشرية „ اما اللسان فلم
يستطيع احدا ان يكبسه „ فهذه [2]السيئة التى ليس تمتنع „ هى ملا
9 سم الموت „ به نبارك الله الاب „ وبه نلعن ابنا البشر الذين هم
10 بشبه الله „ ومن الفم تخرج البركات واللعنات „ فلا ينبغى يا اخوة
11 ان يفعل هاولى كذلك „ لعل يستطاع ان يخرج من عين واحدها
12 f. 65 a طيب ومر جميعا „ او لعل يستطاع يا اخوة شجرة تينة تخرج
13 زيتونة „ او كرمة تينة „ كذلك ايضا „ ولا ما مالح تكون طيب „ من
14 منكم حليما عالما يرى اعماله بتدبير حسن „ بحكمة مخبتة „ فان
كان فيكم بغى مر „ او فى قلوبكم منازعة „ فلا تفتخرون على
15 الحق وتغدرون „ من اجل ان هذه الحكمة لم تنزل من فوق „

[1] Cod. دبب   [2] Cod السية

٤٩ JAMES III. 15—IV. 14.

16 ولاكن هى من الارض „ من هموم البشر ومن الشيطان „ فحيث
17 الحسد والمنازعة „ ثمة ايضا سجس „ وكل شى سو „ الحكمة التى
هى من فوق هى [1]زكية „ وملا السلم „ ومخبتة سامعة „ وملا رافة
18 وثمر صالح „ وهى بغير شقاق „ ولا تاخذ بالوجه „ الثمر الصدق يزرع
f. 65 b IV. 1 بالخير للذين يعملون السلم „ من اين فيكم قتال ومنازعة „ اليس
2 من الشهوات التى يجاهدن اجسادكم „ تشتهون وليس لكم „ وتقتلون
وتغيرون „ ولا يجى على يديكم „ وتنازعون وتقاتلون وليس لكم „
3 من اجل انكم ليس تسالون „ تسالون ولا تاخذون „ من اجل انكم
4 بيس ما تسالون „ كما تناعمون شهواتكم „ يا فتكة „ الا تعلمون ان
حب هذا العالم هو عداوة لله „ من يسره ان يكون صديق هذا
5 العالم فقد كان [2]عدو لله „ او لعلكم ترون سفها حيث قال الكتاب „
6 ان الروح الذى يسكن فينا „ يشتهى بالغيرة „ نعمة فاضلة اعطانا
f. 66 a ربنا „ ومن اجل هذا قال „ ان الله يضعضع المستكبرين والمتضعين
7 يعطى الفضل „ اخضعوا لله وقوموا مقابل الشيطان ويفر منكم „
8 واقتربوا الى الله ويقترب اليكم „ طهروا ايديكم ايه الخاطون „ قدسوا
9 قلوبكم ايه الشقاق الانفوس „ اتضعوا ونوحوا „ وردوا ضحككم الى
10, 11 الحزن „ وفرحكم الى الكرب „ اتضعوا قدام الرب ويرفعكم „ ولا تكونوا
توسوسون يا اخوة بعضكم على بعض „ فالذى يتكلم على اخوه „ او
يدين اخوه „ فكذلك يتكلم على الناموس „ ويدين الناموس „ فان
f. 66 b 12 كنت تدين الناموس فليس انت فاعل الناموس ولاكن ديانه „ واحد
هو [3]جاعل الناموس والديان „ الذى يستطيع ان يحيى ويهلك „ انت
13 من انت حين تدين قريبك „ ايشى نقول ايضا على الذين يقولون
اليوم او غدا ننطلق الى مدينة اى هى „ ونقيم ثمة سنة واحدة
14 ونكسب وننتفع „ ولا تعلمون ماذا يكون غدا „ ايشى هى حياتنا

[1] Cod. ذكية [2] Cod. عدوا [3] Cod. الجاعل

15 الا كالوهج ״ الذى يرى قليلا ״ ويجوز ويفنى ״ بدل ما يقولون ان
16 شا الله ونعيش نصنع كذا وكذا ״ يتعاظمون بفخرهم ״ وكل افتخار
17 مثل هذا فهو سى ״ والذى يعرف الخير ولا يعمله يكون له خطية ✤
V 1, 2 ايه الاغنيا ״ اصرخوا وابكوا على البلابل التى تجى عليكم ״ اموالكم
3 قد انفسدت وهلكت ״ وثيابكم قد اكلت من السوس ״ وذهبكم f. 67a
وفضتكم يصدى ״ وصداه يكون شهادة عليكم ״ وهى ينبغى ان تاكل
4 لحومكم ״ النار ״ جمعتم الى يوم الاخرة ״ هذا اجر العمال الذين
ظلمتم الذين حصدوا زرعكم ״ يصرخ عليكم ״ ودعا العمال دخل الى
5 اذنى [1]رب ״ الصباوث ✤ تناعمتم بحق على الارض ״ ولهيتم وعلفتم
6 اجسادكم [2]كليوم الذبح ״ شجبتم وقتلتم الصديق ولم يقوم مقابلكم ״
7 اما انتم ايها الاخوة ״ فتماتنوا روحكم حتى جاية الرب ״ مثل العامل
الذى [3]يرجو ثمرة ارضه الكريمة ״ ويماتن روحه عليها ״ حتى يقبل f. 67b
8 مطر الربيع ״ والموخر ״ كذلك انتم ايضا متنوا روحكم ״ وثبتوا
9 قلوبكم ״ قد اقتربت جاية ربنا ✤ لا تناهدون بعضكم على بعض
10 [4]يا اخوة[4] ״ لكيما لا تدانون ״ فان الدين قايم عند الباب ✤ [4]يا اخوة
اتخذوا الشبه من الانبيا ״ بالاصطبار فى بلاكم ״ الذين تكلموا
11 باسم الرب ״ انا نعطى الغبطة للذين اصطبروا ✤ قد سمعتم عن
اصطبار ايوب ״ ورايتم الاخرة التى جعل له الرب ״ من اجل ان الرب
12 روف رحيم ״ قبل كل شى يا اخوة ״ لا تكونوا تحلفون ״ لا بالسما
ولا بالارض ״ ولا ايضا بحلف سواه ״ ولاكن تكون كلمتكم نعم
13 نعم ام لا لا ״ لكيما لا تشجبون فى القضا ✤ ان كان انسان منكم f. 68a
14 فى الشدة ״ يكن يصلى ״ وان فرح يكن يحمد وان مرض فيدعوا
15 كهنة الكنيسة يصلون عليه ويمسحونه دهن باسم ربنا ״ وصلاة
الايمان تشفى ذلك المريض ״ ويقيمه ربنا ״ وان كان عمل خطية

[1] Cod. الرب [2] Cod. كلليوم [3] Cod. يرجوا [4] Cod. ياخوة

يغفر له ، تكونوا تعترفون بذنوبكم بعضكم لبعض ، وتكونوا تصلون 16
بعضكم على بعض لتبرون ، عظيمة هى قوة الصلاة ، اذا صلى
صديق ✤ وقد كان ايضا ايليا انسان متجع مثلنا ، وصلى ان لا 17
ينزل المطر على الارض ، ولم ينزل ثلثة سنين وستة اشهر ، فايضا 18
صلى فمطرت السما ، والارض اعطت ثمرتها ✤ يا اخوة ان كان 19 f. 68 b
انسان منكم طغى من طريق الحق ، ويرده انسان من طغاه ، يكن 20
يعلم ان الذى يرد الخاطى من طغا سبيله يحيى نفسه من
الموت ، ويمحى كثرة خطاياه ✤ - - - - -
كملت رسالة يعقوب السليح وكتبت من اورشلم ✤ ✤

✤ ✤ ✤ ✤ ✤ ✤ ✤

رسالة سمعان السليح ✤ ✤ سمعان الصفا سليح يسوع المسيح ، I Peter I. 1
الى المختارين الغربا ، الذين مفترقين فى بنطوس ، وغلاطية
وقبداقانية ، واسية ، وبيثونية ، الذين اختيروا بسابق علم الله الاب ، 2
وبقدس الروح ، ليكونوا السمع ورشاش دم يسوع المسيح ، النعمة
والسلم يكثر لكم ✤ مبارك هو الله اب ربنا يسوع المسيح ، الذى 3 f. 69 a
بكثرة رافته ولدنا من الراس ، بقيامة يسوع المسيح ، لرجا الحياة
وميراث لا ينفسد ، ولا يتدنس ، ولا يهيج ، التى هى مستعدة لكم 4
فى السما ، حين تحفظون بقوة الله والايمان ، الى الحياة التى هى 5
ميسرة ان تظهر للوقت الاخر ، لتفرحون بها الى الدهر ✤ وان كنتم 6
تحزنون فى هذا لزمان قليل فى البلايا ، المختلفة التى تنزل
بكم ، لكيما يرى تجربة امانتكم ، افضل من الذهب الجيد الذى 7
جرب فى النار ، لمجد وكرامة ومدحة ، بجاية يسوع المسيح ، الذى 8
لم ترونه وتحبونه ، وتثلجون بايمانه ، بفرح ماجد لا يصف ، f. 69 b
لتقبلون اجر امانتكم ، حياة لانفسكم ، تلك الحياة التى استبحثوا 9, 10
عنها الانبيا ، حين تنبوا عن النعمة ، التى كانت تنبغى ان تعطى

11 لكم „ واستبحثوا باى حين يرى „ ويشهد روح المسيح الذى يسكن
فيهم „ عن اتجاع المسيح ومجده „ انه ينبغى ان يكون من بعد
12 ذلك „ وظهر لهم كل الذى كانوا يستبحثون عنه „ من اجل انهم
ليس لانفسهم كانوا يريدون „ ولاكن لنا نحن كانوا يتنبون „
الذى الان ظهر لكم بما بشرناكم بروح القدس „ الذى بعث من
13 السما „ الذى الملايكة يشتهون ان ينظرون اليه „ من اجل هذا
شدوا ظهر قلوبكم واستيقظوا تاما „ واستبشروا فى الفرح „ الذى f. 70a
14 يجيكم „ بجاية ربنا يسوع المسيح „ مثل الابنا السامعين „ ولا تتبعوا
15 ايضا شهواتكم الاولى „ التى كنتم تشتهون بغير علم „ ولاكن
16 كونوا قديسين فى كل تدبيركم „ كما ان الذى دعاكم هو
قديس „ من اجل انه مكتوب كونوا قديسين كما انا ايضا
17 قديس „ وان كنتم تدعون الاب الذى ليس عنده اخذ بالوجوه „
ويدين كل انسان „ [1]كنحو عمله „ تدبروا بخشية فى هذا الزمن „
18 الذى انتم فيه غربا „ حين تعلمون ان ليس بالفضة الذى يبلى
ولا بالذهب „ خلصتم من اعمالكم الباطلة „ التى قبلتم من اباكم „
19 ولاكن بدم كريم „ الحمل الذى ليس فيه ملامة عيب ولا وسخ „
20 الذى هو المسيح „ الذى كان تقدم واختير لهذا „ من قبل خليقة f. 70b
21 العالم „ واعلن فى اخر الزمن من اجلكم „ الذى به امنتم بالله „
الذى اقامه من بين الموتى „ واعطاه مجد امانتكم „ فرجاكم يكون
22 على الله „ وتكن انفسكم مقدسة „ فى استماع الحق „ وتكن ملا
حب بغير اخذ بالوجه „ الذى من القلب [2]الزكى التام ✤ تكونوا
23 يحبون بعضكم بعض „ مثل اناس ولدتم من الراس „ ليس من
الزرع الذى يبلى „ ولاكن من الذى لا يبلى „ بكلمة الله الحى „
24 التى تقوم الى الدهر „ من اجل ان كل لحم مثل الغمير „ وكل

[1] Cod. كنحوا   [2] Cod. الذكى

بهجته مثل نبات الارض ، الغمير يبس ويهيج النبات ، وكلمة الاهنا 25 f. 71 a
ثابتة الى الدهر ، وهذه هى الكلمة ، الذى استبشرتم ✤ اريحوا منكم II. 1
كل [1]السيئة وكل غدر ، واخذ بالوجه ، والحسد والمحل ، وكونوا 2
مثل الصبيان الفطم وتكونوا تشتهون لتلك الكلمة ، مثل اللبن
النقى ، الروحانى ، لكيما تربون بها الى الحياة ، ان كنتم ذقتم 3
ورايتم ان الرب هو منعم ، الذى اليه تقتربون ، الذى هو حجر 4
الحياة ، الذى رذلوه الناس ، المختار المكرم عند الله ، وانتم ايضا 5
مثل حجر الحياة ، ابتنوا وكونوا كنايس روحانية وكهنة قديسين ،
لتصعدون ذبيحة روحانية ، التى تقبل قدام الله ، بيد يسوع f. 71 b
المسيح ، قيل فى الكتاب هذا انا اجعل فى صهيون حجر مجرب ، 6
مكرم فى اول الزاوية ، ومن يومن به لا يخزى ✤ لكم اعطيت 7
هذه الكرامة ، للذين تومنون ، اما للذين لا يواتون فهو حجر 8
العثرة ، وقلاعة مكروهة ، ويعثرون به ، من اجل انهم لا يواتون
الكلمة ، ولذلك جعلوا ، اما انتم قبيلة مختارة ، التى خيرت للملكوت ، 9
شعب قديس ، جماعة مخلصة ، الذين تبشرون حمد الذى دعاكم ،
من الظلمة الى نوره الماجد ، الذى من قبل ، لم تكونوا فى حسب 10
شعب ، اما الان شعب الله ، ولا ايضا رافة كانت عليكم ، اما الان f. 72 a
فقد [2]فادت عليكم الرافة ✤ يا ايه المحبوبين ، اريد منكم ، مثل 11
الاضياف ومثل الغربا ، ابعدوا من كل شهوات الجسد ، هاولى
التين يجاهدن الجسد ✤ وتكون تدبيركم حسن قدام جميع 12
الناس ، لكيما ان الذين يتكلمون عليكم السيات ، يرون اعمالكم
الحسنة ويحمدون الله فى يوم القضا ، وتكونوا تختضعون لجميع 13
الناس ، من اجل الله ، للملوك من اجل سلطانهم ، وللقضاة من 14
اجل انهم منهم يبعثون لنقمة من الجهلة ، ولحمد عاملى الحسنات ،

[1] Cod. السية [2] Cod. فاذت

15 هاكذا هو مسرة الله ، ان اعمالكم الحسنة تسدون افواه الجهلة ،
16 الذين لا يعرفون الله ، مثل ابنا الاحرار ، وليس مثل الناس الذين f. 72 b
17 جعلوا حروريتهم ستر [1]لسيئتهم ، ولاكن مثل عبيد الله ، اكرموا لكل
18 انسان ، وحبوا اخوتكم ، واخشوا الله ، واكرموا الملوك ✤ والعبيد
الذين فيكم ، اختضعوا لاربابكم ، بالمخافة ، ليس للصالحين والمخبتين
19 فقط ، ولاكن ايضا للمجتريين والمتجبرين ، لهاولى لهم فضل عند
الله ، للذين من اجل نية حسنة يصطبرون على البلا ، الذى
20 يغشيهم بالظلم ، اما الذين من اجل جهلهم يصطبرون على البلا ،
فاى حمد يكون لهم ، ولاكن اذا عملتم حسنة فيضرون بكم ،
21 فتصبرون ، حينيذ يعظم حمدكم عند الله ، لهذا دعيتم ✤ ان f 73 a
المسيح ايضا مات من اجلنا ، وترك لنا هذا الشبه ، لتسلكون انتم
22 ايضا باثره ، الذى لم يعمل خطية ، ولا ايضا وجد فى فمه غدر ،
23 الذى كان يسب ولا يسب ، ويتجع ولا يغلظ ، ولاكن كان يجعل
24 امره الى ديان البر ، واخذ خطايانا كلها ، واصعدها بجسده الى
الصليب ، كما اذا متنا للخطية نحيا بصدقه ، فقد [2]بريتم باتجاعه ،
25 انتم الذين كنتم طغيتم مثل الغنم ، فاقبلتم الى الراعى ، ومدبر
III 1 انفسكم ، هكذا ايضا انتم ايها النسا ، اختضعن لازواجكم ، كما ان f.73b
الذين لا يواتون الكلمة ، فى تدبيركن الحسن بغير عنا تتخذونهم ،
2, 3 حين يرون انكن تدبرن بخشية وطهر ، ولا تتزيين بزينة غريبة ،
4 [3]بظفاير شعوركن ، او حلة الذهب ، او ثياب مرتفعة ، ولاكن تكون
زينتكن [4]بانسان القلب الخفى ، بروح مخبت الذى لا ينفسد ،
5 الزينة الفاضلة ، قدام الله ، هكذا ايضا من قبل النسا المطهرات
التين كن يستبشرن بالله ، كن يزيين انفسهن ويختضعن

[1] Cod. لسيتهم [2] Cod. بريتكم [3] Heb. צְפִירָה
[4] Cod. بالانسان

6 لازواجهن ، كما ان سارة كانت تكرم ابرهيم وتدعوه ربانى ، التين
انتن تكونوا لها بنات ، بالاعمال الحسنة ، اذ لا تتزعزعن من كل f 74 a
7 مخافة ✤ وانتم ايه الرجال ، هكذا فاسكنوا مع نساكم بالعلم ،
واتخذوهن بالكرامة مثل متاع ضعيف ، من اجل انهن ايضا معكم
يرثن عطية الحياة الى الدهر ، لكيما لا تكونوا تعثرون فى صلاوتكم ،
8 اما التمام تكونوا بالحب ، وتحزنون مع الذين تحزنون ، وتحبون
9 بعضكم بعض ، وتكونوا محبوبين ، ولا تجزون احد من الناس الشر
مكان الشر ، ولا ايضا السب مكان السب ، ولاكن بخلاف هاولى
10 تكونوا تباركون ، لهذا دعيتم ، لترثون البركة ✤ من يسره الحياة
ويحب ان يرى الايام الصالحة فيحفظ لسانه من [1]السيئة وشفتيه f. 74 b
11 الا يتكلمان الغدر ، يجز عن الشر ويعمل الخير ، ويبتغى السلم ،
12 ويشتد فى طابه ، من اجل ان عينى الرب على الابرار ، واذنيه
13 تسمعهم ، ووجه الرب على الاشرار ✤ وليس احد يستطيع يفعل
14 لكم [2]سيئة ان كنتم غيرة الحسنات ، وان حزنتم من اجل البر
فطوبى لكم ، ولا تخشون من الذين يفزعونكم ولا تستجسون ،
15 ولاكن قدسوا قلوبكم للرب المسيح ، وتكونوا ميسرين ان تعتذرون
الى كل من يريد منكم كلمة عن رجا امانتكم ، بخباتة وخشية
16 اذ تكون لكم نية حسنة ، لكيما ان الذين يتكلمون عليكم كعلى f 75 a
اناس سو ، يبكتون مثل اناس ظلموا اعمالكم الحسنة ، التى بالمسيح ،
17 ينفعكم بحق اذ اعملتم الاعمال الحسنة ، تلقون السيات ، فان كان
18 هكذا هو مسرة الله ، ولا حين تعملون السيات ✤ من اجل ان
المسيح مرة واحدة مات من اجل خطايانا ، الصديق من اجل
19 الخطايين ليقربكم الى الله ، ومات بالجسد وحى بالروح ، وكرز
20 للانفس التين [3]قبضن فى الجحيم التين من قبل لم يواتين فى

[1] Cod. السية [2] Cod. سية [3] Cod. قبضنه

I PETER III. 20—IV. 13. ٥٦

زمان نوح ، حين امرت متانة روح الله ان يعمل التابوت لرجا
21 f. 75 b ندامتهم ، وثمانية انفس دخلن فيها ، وحيين بالما ، الذين انتم ايضا
بذلك الشبه تحييون بالمعمودية ، ليس حين نغسلون الجسد من
الوسخ ولاكن اذا امنتم بالله بنية [1] زكية وبقيامة يسوع المسيح ،
22 الذى استعلى الى السما ، وهو من يمين الله وتعبد له الملايكة
IV. 1 والمسلطين والاجناد ، ان كان المسيح اتجع من اجلكم بالجسد ،
فكذلك انتم فى هذا الفكر فاستعدوا ، فان كان من يموت بجسده
2 فقد استراح من كل الخطايا ، لكيما لا يكون يحيا لشهوات الناس ،
3 ما دام فى الجسد ، ولاكن لمسرة الله ✤ يكفى الحين الذى
f. 76 a جاز الذى عملتم فيه مسرة الحنفا ، بالخبث والسكر ، والفسق
4 وبالتطريب وعمل الشياطين ، فالان يعجبون ويجدفون عليكم لانكم
5 ليس تفحشون معهم فى ذلك الخبث الاول ، اوليك الذين يجاوبون
6 الله ، الذى كاين ان يدين الاحيا والاموات ، من اجل هذا
استبشروا وايضا الموتى ليدانون مثل ابنا البشر بالجسد ويحييون
7 بالله بالروح ✤ قد بلغت اخرة كل ، من اجل هذا استحوا
8 واستيقظوا الى الصلاة ، وقبل كل شى يكن بكم حب تام بعضكم
9 f. 76 b الى بعض ، الحب يغطى كثرة الخطايا ، وتكونوا تحبون الغربا
10 بغير رغم ، وكل انسان منكم العطية التى قبل من الله ، يخدم
11 اصحابه مثل ارباب البيوت الصالحين ، بنعمة الله المختارة ، كل
من يتكلم كمثل كلمة الله يتكلم ، وكل من يخدم فمن القوة
التى يعطيه الله ، ان بكل الذى تعملون يحمد الله بيسوع المسيح
12 الذى له الحمد والكرامة الى الدهر الداهر ✤ يا محبوبين لا تعجبون
فى البلا الذى يغشيكم ، مثل شى غريب يصيبكم بحق من اجل
13 f. 77 a ابتلاوكم ، ولاكن فرحوا من اجل انكم تشتركون فى اتجاع

[1] Cod. ذكية

المسيح ، وهكذا ايضا بجاية مجده تفرحون ، وتثلجون ، وان عيرتم 14
من اجل اسم المسيح فطوبى لكم ، فان روح الله الماجد يغشيكم ،
ولاكن لا يكون انسان منكم مثل قاتول ، او مثل سارق ، او مثل 15
عامل السيات يتجع ، وان اتجع مثل نصرانى لا يبكت ، ولاكن 16
يحمد الله بهذا الاسم ✤ من اجل انه وقت ذلك ، ان يبدا القضا 17
من بيت الله ، فان بدا منا فاى هى اخرة الذين لا يواتون
بشرى الله ، وان كان الصديق يحيا عسيرا ، المنافق والخاطى 18 f. 77 b
اين يوجد ، من اجل هذا ، الذين يتجعون كمسرة الله فليودعون 19
انفسهم بالاعمال الحسنة كللخالق الامين ✤ اريد من الكهنة V 1
الذين فيهم انا الكاهن صاحبكم ، وشاهد اتجاع المسيح ، ومتابع
مجده ، الذى ينبغى ان يظهر ، سوسوا جماعة الله التى دفعت 2
اليكم ودبروها روحانية ، ليس بالشدة ولاكن بالمسرة ، ليس بمنفعة
الدنسة ، ولاكن من كل قلوبكم ، ليس مثل ارباب الجماعة ، ولاكن 3
لكيما تكونوا لهم شبه حسن ، لكيما اذا جا سيد الرعاة تاخذون منه 4
اكليل المجد الذى لا يتغير ✤ وانتم ايها الغلمان اختضعوا 5 f. 78 a
لشيوخكم ، واتخذوا خباتة القلب مستعدا ، بعضكم الى بعض ، من
اجل ان الله هو مخالف للذين يرتفعون ، وللمخبتين يعطى
النعمة ، اتضعوا تحت يد الله القوية ، التى ترفعكم بحين ينبغى ، 6
وهمكم كله اجعلوه على الله ، الذى هو شفيق عليكم ، استيقظوا 7, 8
واذكروا من اجل ان عدوكم الشيطان يزير مثل الاسد ويمشى ،
ويريد من يبتلع ، قوموا مقابله اذ انتم ثابتين بالايمان ، واعلموا 9
ان على اخوتكم الذين فى هذا العالم يغشيهم ايضا هذا الاتجاع ✤ f. 78 b
الله [1]ذو الفضل الذى دعانا الى حمده الى الدهر بيسوع المسيح 10
الذى اعطانا حين نصطبر على هذا البلا اليسير ، نعتصم ونتشدد

[1] Cod. ذى

I PETER V. 11—II PETER I 11. ٥٨

11 ونثبت فيه الى الدهر ✤ الذى له الحمد والملك والكرامة الى
12 الدهر الداهر امين ✤ ✤ هذا يسير كما ارى كتبت اليكم مع
سلويانوس الاخ لامين „ واعلم واشهد ان هذه هى نعمة الله „ الحق
13 حلم الذى انتم مقيمين بها „ تقريكم السلم الجماعة المختارة
14 التى فى بابل „ وابنى مرقوس „ تقروا السلم بعضكم على بعض f. 79a
بقبلة مقدسة „ السلم مع كل الذين هم بالمسيح امين ✤ ✤

كملت رسالة سمعان الصفا وكتبت من رومية

✤ ✤ ✤ ✤ ✤ ✤ ✤ ✤ ✤

II Pet 1. 1 رسالة الثانية لسمعان الصفا سمعان الصفا عبد وسليح يسوع المسيح „
الى الذين تساووا معنا بالايمان السوا بالكرامة „ بصدق ربنا وخلاصنا
2 يسوع المسيح „ النعمة والسلم يكثر لكم باية ربنا يسوع المسيح „
3 كما ان كل التى هى قوة الله الى حياة بخشية الله „ تعطانا به
4 الذى دعانا بمجده والبر „ الذى لهما اعطاكم ايات عظام وكرامات „ f. 79b
لتكونوا بذلك وزرا نعمة الله „ حين تفرون من فساد شهوات التى
5 فى العالم „ وذلك حين تجهدون اجتهادا „ زيدوا على ايمانكم برا „
6 وعلى البر العلم „ وعلى العلم المهانة „ وعلى المهانة الاصطبار „
7 وعلى الاصطبار خشية الله „ وعلى خشية الله حب الاخوة „ وعلى
8 حب الاخوة الود ✤ فهاولى اذا كن فيكم وازداد „ لا يترككم غافلين „
9 ولا ايضا بغير ثمر باية ربنا يسوع المسيح „ فالذى ليس فيه هاولى
10 فهو اعمى لا يبصر „ الذى قد نسى [1]زكاوة خطاياه الاولى „ فلذلك
[2]يا اخوة اجهدوا بزيادة „ ان باعمالكم الحسنة تثبتون دعوتكم f. 80a
11 واصطفايتكم فاذ تفعلون هاولى لا تقعون ابدا „ هكذا [3]شبعة يعطى
لكم الدخول الى الملكوت „ الى الدهر „ التى لربنا وخلاصنا يسوع

[1] Cod. ذكاوة   [2] Cod. ياخوة   [3] Cod. سبعة

المسيح » ولذلك لا اغفل من ان اذكركم هاولى فى كل حين » 12
اجدر انكم قد علمتم ايضا وثبتتم على هذا الحق انه استرى لى 13
بر ما دمت فى هذا الجسد » ان اثيركم الى الذكر حين اعلم 14
ان موت جسدى يكون عاجل » كما اعلمنى ايضا ربنا يسوع
المسيح » وانا مستعد ان يكون لكم ايضا ذلك فى كل حين » ان 15 f. 80 b
بعد موتى ايضا تذكرة هاولى تكونوا تصنعون » انا ليس نتبع الامثال 16
المزينات » ولاكن نعلمكم قوة وجاية ربنا يسوع المسيح » وذلك
حين كنا ناظرى عظمته » حين اخذ من الله الكرامة والمجد » 17
حين جاه صوت مثل هذا » من بعد المجد البهيج بعظمته » هذا
ابنى الحبيب الذى به سررت » ونحن ايضا سمعنا هذا الصوت اذ 18
جاه من السما حين كنا معه فى الجبل المقدس » ولنا تحقيق 19
ذلك ايضا كلمة النبوة » الذى نعما تصنعون حين تنظرون فيها مثل f. 81 a
المصباح » الذى يضى فى مكان مظلم » حتى يضى النهار وتشرق
الشمس فى قلوبكم » حين تعلمون هذا اول » ان كل نبوة لا تنقض 20
كتابها » فليس بمسرة البشر جات منذ قط النبوة » ولاكن حين 21
يستاقون من روح القدس » تكلموا القديسين انبا بشرى الله ✤
وقد كان ايضا فى العالم انبيا كذب » كما ان فيكم يكون ايضا 1 II
معلمين كذب » الذين يدخلون خلاف الهلاك » وبالرب الذى
اشتراهم [1]يكفرون حين يجيبون على انفسهم هلاك عاجل » وكثير 2
يتبعون دنسهم » هاولى الذين من اجلهم طريق الحق تجدف » f. 81 b
[2]وبنجس كلام السفاهة يتجرون بكم » الذين لا يبطل دينهم الذى 3
من قديم » وهلاكهم لا يستريح » ان كان الله على الملايكة 4
الذين خطوا لم يرف » ولاكن وثقهم بسلاسل » الغم فى اسفل
السافلين » ودفعهم ان يحتفظون الى دين التدنيق » ولم يرف على 5

[1] Cod يقروى [2] Cod. وبنخس

الخلق الاول ״ ولاكن حفظ نوح الثامن لاستماع البر ״ حين جاب
6 الطوفان على [1]خلق المنافقين ״ وحين احرق مداين سدوم وغامورا ״
وشجبهم بالرجف ״ حين جعل اية للمجرمين ״ الذين يكونوا اخيرا ״ f 82a
7 ايضا لوط الصديق الذى كان يتضعضع من اختلاط فى الدنس ״
8 خلصه من الذين كانوا بغير ناموس ״ بالنظر والسمع ״ وحين كان
يسكن ذلك البار بينهم ״ يوم من يوم لنفسه الصديقة كان يضيق ״
9 بالاعمال التى بغير ناموس ״ يعلم الله ان يخلص من البلا ״
10 للذين يخشونه ״ ويقر المجرمين ليوم الدين ״ حين يتدنقون بزيادة ״
للذين يتبعون شهوات الجسد المدنس ״ وبالربوبية يزدرون ״ مرحة ״
11 متنبلة ״ الذين لا يخافون المجد ״ حين يجدفون ״ حيث الملايكة f. 82b
الذين اعظم منهم بالقوة والعزة ״ لا يجيبون عليهم دين التجديف ״
12 اما هاولى الذين هم مثل الدابة ״ التى لا تتكلم ״ من اصلهم الى
الحرب والى الفساد ״ حين يجدفون على الذى لا يعلمون بفسادهم
13 ينفسدون ״ حين الذين فيهم الاثم ״ اجر اثمهم يرونه نعيم ״ الفرح
الذى كان بالنهار ״ المدنسين وملا الملامة حين يفرحون بثيابهم
14 يتناعمون ״ اذ لهم اعين ملا الفتك ״ وخطايا التى لا تنقض ״ حين
يملقون الانفس التين ليس لهن ثبات ״ ولهم قلب قد تدرس
15 بالنخس ״ ابنا اللعنة ״ الذين حين تركوا الطريق تاهوا ״ وذهبوا فى f. 83a
الطغا ״ فى سبيل بلغم بن فغور ״ الذى احب اجر الاثم ״ فكانت
16 واعظ معصيته الاتان التى لا تكلم ״ التى حين تكلمت بكلام
17 الناس منعت سفاهة النبى ״ هاولى هم عيون التى بغير ما ״ غمام
18 الذى يطرد من فوق ״ هاولى الذين غم الظلمة ينتظرهم ״ وحين
يتكلمون العبر الباطل ״ تملقون بشهوات الدنسة الجسدانية ״
19 للذين بعد قليل يفرون ״ من الذين يتبعون الطغا ״ ويوعدونهم

[1] Cod الخلق

الحرورية ، اذ هم عبيد الفساد ، من الشى الذى يغلب منه الانسان ، f. 83 b
له يتعبد ايضا ، فان كانوا بحق فروا من دنس العالم ، باية ربنا 20
وخلاصنا يسوع المسيح ، ثم بهاولى اذ هم متشبكين يغلبون ايضا ،
فاخرتهم اشر من الاولى ، كان ينبغى لهم الا يعرفون سبيل 21
الصدق ، او اذ قد عرفوه يرجعون الى الورا ، من الوصية المقدسة
التى دفعت اليهم ، وقد لحقهم الذى فى المثل المحقق ، الكلب 22
الذى يرجع الى قيه ، والخنزيرة التى اغتسلت ثم عادت الى الوحل ،
مع هذه يا محبوبين قد كتبت اليكم رسالتين ، التى بهما اثير f 84a III 1
قلوبكم الى التذكرة الحسنة ، لتذكرون الكلام الذى تقدم قيل 2
من الانبيا القديسين ، ووصية ربنا وخلاصنا على يدى السليحين ،
حين تعلمون هذا اول ، انه يجى فى اخر الايام مستفزين 3
يستفزون ، حين يسلكون [1]نحو محبتهم ، ويقولون اين عهد جايته ، 4
من حين ماتوا ابانا ، كل شى كذلك يثبت من اول الخلق ، قد 5
سهوا هذا بهواهم ، ان السما كان من قبل ، والارض من الما ،
وبالما قامت ، بكلمة الله ، التى بهما العالم الاول انتسف بالما ، 6
وهلك ، السما الذى الان والارض بكلمته محتفظان ، حين ينظر ان f 84 b 7
النار ، فى يوم القضا ، هلاك الناس المجرمين ، فهذه الواحدة لا 8
تنسون يا محبوبين ، ان يوم واحد للرب هو مثل الف سنة ،
والف سنة مثل يوم واحد ، لا يوخر الرب بعهوده ، كما ان اناس 9
يرون التاخير ، ولاكن يماتن روحه من اجلكم ، انه لا يسره ان
يهلك انسان ، ولاكن ان يقبل كل انسان الى التوبة ♣ يجى 10
بحق يوم الرب مثل السارق ، الذى فيه السما والارض ينتقضان ،
من بغتة ، والكواكب حين يحترقن ينتقضن ، والارض والاعمال
التى فيها تبقى ، فاذا انتقضن كل هاولى ، كيف ينبغى لكم ان f. 85 a 11

[1] Cod نحوا

II PETER III. 12—I JOHN I. 7 ٦٢

12 تكونوا باعمالكم قديسين وبخشية الله ، حين تنتظرون وتشتهون
جاية يوم الله ، الذى فيه السما حين يبتلى ينحل ، بالنار ، والكواكب
13 حين يحترقن ينسلن ، سما جديد وارض جديدة ، كمثل عهده ،
14 ننتظر ، التى بهما يسكن الصدق ✤ من اجل هذا يا محبوبين حين
تنتظرون هاولى اجتهدوا ، ان بغير وسخ وبغير ملامة تكونوا له
15 بالسلم ، ولمتانة روح الرب تعدونه خلاص ، كمثل ما ان ايضا
اخونا المحبوب بولس ، كمثل الحكمة التى اعطيت له ، كتب f 85b
16 اليكم ، وفى كل كتبه تكلم بهذا ، فالتى فيها عسر الفهم ، هاولى
الذين ليس عندهم علم ، وليس لهم ثبات يلوونها ، كمثل ما ايضا
17 ان ساير الكتب لهلاكهم ✤ اما انتم يا محبوبين حين تقدمون
[1]تعلمون احفظوا انفسكم ، لعلكم حين تتبعون طغا الذين هم بغير
18 ناموس تقعون من ترفعكم ، تكونوا تربون بنعمة وعلم ربنا وخلاصنا
يسوع المسيح والله الاب الذى له الحمد الان وفى كل حين ، والى
اخر العالم امين ✤ كملت رسالة سمعان الصفا السليح ✤ ✤ ✤

I John I. 1 f. 86 a رساله يحنا السليح ، نبشركم بالذى هو من اول ، الذى سمعنا
2 وراينا باعيننا ، راينا ومسنا بايدينا ، التى هى كلمة الحياة ، والحياة
ظهرت ، وراينا ونشهد ، وتكون لكم حياة ، الى الدهر ، التى هى كانت
3 عند الاب ، وظهرت لنا ، والذى راينا وسمعنا نخبركم ايضا ، ليكون
4 لكم معنا نصيب ، ونصيبنا هو مع الاب وابنه ، يسوع المسيح ، وهذا
5 نكتب اليكم ليكون فرحنا فيكم تام ، وهذا هو البشرى الذى سمعنا
6 منه ونبشركم ، ان الله هو نور ، والظلمة ليس فيه راسا ، وان قلنا
ان لنا معه نصيب ، ونمشى فى الظلمة فنحن كاذبين ، وليس f. 86 b
7 نمشى فى الحق ، فان كنا نمشى فى النور ، كما هو فى النور ،

[1] Cod. تعملون

فلنا نصيب بعضنا مع بعض ، ودم ابنه يسوع [1]يزكينا من كل
خطايانا ، وان قلنا ليس لنا خطية ، نطغى انفسنا ، والحق ليس فينا ، 8
فان كنا نعترف بخطايانا ، وهو امين صديق ان يغفر لنا خطايانا ، 9
و[1]يزكينا من كل جرمنا ، وان قلنا لم نخطا فقد [2]جعلناه كاذب 10
وكلمته ليس فينا ✤ ايه الابنا هذا اكتب اليكم لكيما لا تخطون ، II 1
وان خطا انسان ، فلنا البرقليط عند الاب ، يسوع المسيح
الصديق ، الذى هو المغفرة من اجل خطايانا ، وليس من اجلنا 2
فقط ، ولاكن ايضا من اجل كل العالم ، وبهذا نعلم انا نعرفه ، 3 f. 87 a
حين نحفظ وصاياه ، فالذى يقول ، انى اعرفه ولا يحفظ وصاياه 4
فهو كاذب ، وليس فيه الحق ، فالذى يحفظ كلمته ، بهذا يتم 5
بحق حب الله ، وبهذا نعلم انه بنا ، فالذى يقول انا به ينبغى 6
له ان يسلك فى سبيله ✤ يا محبوبين ليس وصية حديثة اكتب 7
اليكم ، ولاكن وصية عتيقة ، التى كانت لكم من اول ، هذه هى
الوصية العتيقة ، الكلمة التى سمعتم ✤ ايضا وصية حديثة اكتب 8
اليكم ، التى هى ثابتة فيه وفيكم ، ان الظلمة قد جازت ، وضو
الحق قد استرى ، من يقول انه فى النور ويبغض اخوه فهو فى 9 f. 87 b
الظلمة حتى الان ، اما الذى يحب اخوه ، فهو ثابت فى الضو ، 10
وليس فيه كره ، والذى يبغض اخوه فهو فى الظلمة وفى الظلمة 11
يمشى ، ولا يعلم الى اين يذهب ، من اجل ان الظلمة اعمت
عينيه ✤ اكتب اليكم ايه الابنا ، ان خطاياكم قد غفرت من 12
اجل اسمه ✤ اكتب اليكم ايه الابا ، انكم قد عرفتم الذى هو من 13
اول ✤ اكتب اليكم ايه الغلمان ، انكم قد غلبتم السو ✤ كتبت
اليكم ايه الصبيان انكم عرفتم الاب ✤ كتبت اليكم ايه الابا الذين 14
عرفتم للذى هو من اول ✤ كتبت اليكم ايه الغلمان انكم اقويا ، f. 88 a

[1] Cod يذكينا [2] Cod جلعناه

15 وكلمة الله ساكنة فيكم ، وغلبتم السو ♣ لا تحبون العالم ، ولا
16 الشى الذى فيه ، من يحب العالم حب الله ليس فيه ، لان كل
شى فى العالم هو شهوة الجسد ، وشهوة العينين وفخر العالم ، هذه
17 التى ليس هى من الاب ، ولاكن هى من العالم ، وينتقض العالم
18 مع شهوته ، اما الذى يعمل مسرة الله يثبت الى الدهر ♣ ايه
الابنا انه الزمان الاخر ، وكالشى الذى سمعتم انه يجى المسيح
الدجال ، والان قد صاروا كثيرا ، المسيحين الدجالين ، ومن هذا
19 نعلم انه الزمان الاخر ♣ منا خرجوا ، ولاكن لم يكونوا منا ، فلو f. 88 b
كانوا منا عندنا كانوا يثبتون ، ولاكن خرجوا منا ، ليعلم انهم
20 لم يكونوا منا ♣ وانتم فلكم من القديس مسيحية ، ولكل انسان
21 انتم مفترزين ، لم اكتب اليكم انكم ليس تعرفون الحق ، ولاكن
22 تعرفونه ، وكل الكذب ليس هو من الحق ♣ من هو الكاذب الا
الذى يكفر ان يسوع ليس هو المسيح ، فهذا هو المسيح الدجال ♣
23 الذى يكفر بالاب يكفر ايضا بالابن ، والذى يكفر بالابن لا يومن
24 ايضا بالاب ♣ من يومن بالابن يومن ايضا بالاب ♣ وانتم الشى f 89 a
الذى سمعتم من قبل فليثبت عندكم ، فان ثبت عندكم الشى
25 الذى سمعتم من قبل ، وانتم ايضا تثبتون بالاب والابن ، وهذا هو
26 العهد الذى عهد لنا حياة الى الدهر ♣ هاولى الذى كتبت اليكم ،
27 من اجل الذين يطغونكم ، وان انتم ثبتت عندكم المسيحية التى
قبلتم منه ، فليس تحتاجون الى انسان يعلمكم ، ولاكن المسيحية
التى قبلتم من الله ، هى تعلمكم كل شى ، وهى حق وليس
28 فيها كذب ، وكمثل ما علمكم فاثبتوا فيه ، والان ايه الابنا ، فاثبتوا
فيه ، اذ اما جا لا نكن نخزى منه ♣ ولاكن تكن لنا بجايته بلاجة f 89 b
29 الوجه ، ان كنتم تعلمون انه صديق ، واعلموا ايضا ان كل من
III 1 يعمل البر فهو منه ، وانظروا الى كثرة حب الاب الينا اذ دعانا

ابنا „ وايضا جعلنا „ ومن اجل ذلك ليس يعرفنا هذا العالم „ كما
لم يعرفه ايضا ♣ يا محبوبين الان نحن ابنا الله „ ولم يظهر ذلك 2
حتى الان „ كيف ينبغى لنا ان نكون „ نعلم انه اذا ما جا نكون
نشبهه „ ونراه كالشى الذى هو „ وكل من كان له عليه هذا الرجا 3
[1]فيزكى نفسه كمثل ما هو [2]زكى ♣ من يعمل الخطية فهو عامل 4
f 90a الجرم „ لان الخطية كلها جرم ♣ لا تعلمون ان الذى جا ان 5
ياخذ خطايانا ليس فيه خطية „ وكل من يثبت فيه لا يخطى „ وكل 6
من يخطى لم يراه ولم يعرفه ♣ ايه الابنا لا يطغيكم انسان „ الذى 7
يعمل البر فهو بار „ كمثل ما ايضا ان المسيح هو صديق „ والذى 8
يعمل الخطية هو من الشيطان „ من اجل ان الشيطان هو خاطى
من اول „ ومن اجل هذا استرى بن الله „ لكيما يحل اعمال
الشيطان ♣ كل من ولد من الله لا يعمل الخطية „ من اجل ان 9
اصله هو فيه „ ولا يستطيع ان يخطى „ من اجل انه من الله ولد „
f 90b من اجل هذا يفترزون ابنا الله من ابنا الشيطان ♣ كل من لا
يعمل البر ولا يحب اخوه ليس هو من الله ♣ هذه هى الوصية 10
التى سمعتم من قبل „ ان تحبون بعضكم بعض „ ليس مثل قاين 11
الذى كان من السو „ وقتل اخوه „ ومن اجل ايشى قتله „ الا لما 12
كان اعماله سو „ واخوه بر ♣ ولا تعجبون يا اخوة ان بغضكم
العالم „ نحن قد علمنا انا انتقلنا من الموت الى الحياة حين 13
نحب اخوتنا „ الذى لا يحب اخوه يثبت فى الموت „ كل من 14
يبغض اخوه فهو قاتول الناس „ وتعلمون ان الذى يقتل الناس لا 15
يستطاع ان يثبت فيه الحياة „ الى الدهر ♣ بهذا نعلم حبه الينا „ 16
f 91a انه جعل نفسه بدلنا „ ونحن ايضا ينبغى لنا ان نجعل انفسنا بدل
اخوتنا ♣ والذى له مال هذا العالم „ ويرى اخوه محتاج „ فيقبض 17

[1] Cod فيذكى   [2] Cod. ذكى

I JOHN III. 18—IV. 10. ٦٦

18 عنه رافته „ كيف يكون فيه حب الله ✤ ايها الابنا „ لا نكن نحب
19 بعضنا بعض بالكلام واللسان „ ولاكن بالعمل والحق „ وبهذا نعرف
20 انا من الحق „ ومن قبل جايته نواتى قلوبنا „ فان قلوبنا ان لم
21 تبكتنا „ فكم الله الذى اعظم من قلوبنا „ ويعلم كل شى ✤ يا
محبوبين ان لم تبكتنا قلوبنا فقد بلجت وجوهنا „ قدام الله „
22 وكل شى نساله ناخذ منه „ ان حفظنا وصيته ونعمل الحسنات
23 قدامه „ وهذه هى وصيته „ اذ نومن باسم ابنه يسوع المسيح „ f 91 b
24 ونحب بعضنا بعض كما اوصانا „ والذى يحفظ وصاياه يحتفظ
به „ وهو يحل فيه „ وبهذا نعلم انه يحل فينا „ من روحه الذى
IV. 1 اعطانا „ يا محبوبين ليس لكل روح تصدقون „ ولاكن تكونوا
تميزون الروح „ ان كان من الله „ من اجل ان كثير انبيا كذب
2 خرجوا فى العالم „ بهذا نعرف روح الله „ كل روح يومن ان
3 يسوع المسيح جا بالجسد „ فهو من الله „ وكل روح لا يومن ان
يسوع المسيح جا بالجسد فليس هو من الله „ ولاكنه من المسيح
الدجال „ الذى سمعتم انه يجى „ والان هو فى العالم منذ حين ✤
4 اما انتم ايه الابنا „ فمن الله انتم وغلبتم „ من اجل ان الذى f. 92 a
5 فيكم هو اعظم من الذى هو فى العالم „ وهاولى هم من العالم „
6 من اجل هذا من العالم يتكلمون „ والعالم لهم يسمع „ اما نحن
فمن الله نحن „ والذى يعرف الله يطعنا „ والذى ليس هو من
7 الله فليس يطعنا „ بهذا نعرف روح الحق من الروح الطاغى ✤ يا
محبوبين نحب بعضنا بعض „ من اجل ان الحب هو من الله „
8 وكل من يحب فمن الله ولد „ ويعرف الله „ من اجل ان الله
9 هو الحب „ وكل من لا يحب لا يعرف الله „ بهذا عرف حب
10 الله الينا „ اذ بعث ابنه الوحيد الى العالم „ لنحيى بيده „ فهذا هو f. 92 b
الحب „ ليس نحن احببنا الله „ ولاكن هو احبنا „ وبعث ابنه مغفرة

٦٧ I JOHN IV. 11—V. 9.

لخطايانا ✤ يا محبوبين ان كان الله احبنا هكذا ، ونحن ايضا 11
ينبغى لنا ان نحب بعضنا بعض ، الله منذ قط لم يراه احد ، فان 12
كنا نحب بعضنا بعض ، الله يثبت فينا ، فحبه يتم فينا ، وبهذا 13
نعلم انا نثبت فيه وهو يثبت فينا ، انه اعطانا من روحه ، ونحن 14
راينا ونشهد ، ان الاب بعث ابنه خلاص للعالم ، كل من يومن 15
بيسوع انه بن الله ، الله يثبت فيه وهو يثبت بالله ، ونحن امنا 16
وعلمنا حب الله الينا ، الله هو الحب وكل من يثبت بالحب
فبالله يثبت ، وبهذا يتم حبه معنا لنكون لنا بلاجة الوجه ، فى 17 f. 93 a
يوم القضا ، من اجل ان كما هو ، كذلك نحن ايضا ، فى هذا
العالم ، ليس فى الحب مخافة ، ولاكن حب تام ، يبعد عنه 18
المخافة ، من اجل ان المخافة هى فى شك ، فالذى يخاف ليس
حبه تام ✤ اما نحن فنحب الله ، من اجل انه احبنا من اول ، 19
فان قال انسان انى احب الله وبغض اخوه ، فهو كاذب ، الذى 20
لا يحب اخوه الذى راه ، فكيف يستطيع ان يحب الله الذى
ليس يرى ، وهذه الوصية قبلنا منه ، ان كل من يحب الله يحب 21
ايضا اخوه ، كل من يصدق ان يسوع هو المسيح فمن الله ولد ، V. 1
وكل من يحب الوالد يحب ايضا الذى ولد منه ، وبهذا نعلم انا 2 f 93 b
نحب ابنا البشر ، اذ نحب الله ، ونعمل وصيته ، هذا هو حب الله 3
اذ نحفظ وصيته ، ووصيته ليس هى بثقيلة ، من اجل ان كل من 4
ولد من الله فقد غلب العالم ، فهذه هى الغلبة ، ايماننا التى غلبت
العالم ، من الذى يغلب العالم الا الذى يومن ان يسوع هو بن 5
الله ، هذا الذى جا بما ودم ، وروح يسوع المسيح ، ليس بما فقط ، 6
ولاكن بما ودم ، وروح ، والروح يشهد ان الروح هو الحق ، وهم 7
ثلثة شهدا ، الروج والما والدم ، وثلثة هم بواحدهم ✤ ان كنا 9
نقبل شهادة الناس ، فكم بزيادة نقبل شهادة الله العظيم ✤ وهذه f. 94 a

I JOHN V. 10—II JOHN 2. ٦٨

10 هى شهاده الله „ اذ شهد على ابنه „ كل من يومن بابن الله „
فله على نفسه هذه الشهادة „ وكل من لا يصدق لله „ جعله
11 كاذب „ انه لم يصدق بالشهادة التى شهد الله على ابنه „ وهذه
هى الشهادة „ ان حياة الى الدهر اعطانا الله „ وتلك الحياة هى
12 فى ابنه „ كل من استمسك بالابن فقد استمسك بالحياة وكل من
13 لم يستمسك بابن الله فليس له حياة ✤ هذا كتبت اليكم لتعلمون
14 ان لكم حياة الى الدهر „ للذى امنتم باسم بن الله „ وهذا ودنا
15 الذى لنا عنده „ ان كل شى نساله كمثل مسرته يجيبنا „ وان
علمنا انه يجيبنا فى كل شى نساله „ فقد توكلنا ان قد قبلنا
16 f. 94 b مسلتنا بالتى سالناه منذ حين ✤ وان راى انسان اخوه يخطى خطية „
لا يستجب الموت „ فيسل ويعطى له الحياة „ للذين لا يخطون
كللموت „ فان رب خطية تكون الى الموت „ ليس على هذا اقول „
17 ان يطلب الانسان „ كل جرم هو خطية „ ورب خطية [1]ليست هى
18 الى الموت ✤ ونعلم ان كل من ولد من الله لا يخطى „ الذى
19 ولد من الله يحفظ نفسه „ والسو لا يقترب اليه ✤ نعلم انا من
20 الله نحن „ والعالم كله جعل فى الشر „ ونعلم ان بن الله قد
جا „ واعطانا علم ان نعرف الحق „ ونكون فى الحق „ بابنه يسوع
21 المسيح „ هذا هو الله الحق „ والحياة الى الدهر „ ايه الابنا احفظوا
انفسكم من عبادة الاوثان ✤ كملت رسالة يحنا السليح ✤ ✤ ✤
f. 95 a وكتبت من افسوس ✤ ✤

II John 1 الرسالة الثانية ليحنا السليح „ من الشيخ الى قورية وبيتها الذين
انا احبهم بحق „ فليس انا فقط „ ولاكن وكل الذين يعرفون
2 الحق „ من اجل الحق الذى هو ثابت فينا „ ومعنا هو الى

[1] Cod. لست

الدهر ، تكون معنا النعمة والرافة والسلم ، من الله الاب ومن ربنا 3
يسوع المسيح ، بن الاب بالحق وبالحب ✤ فرحت كثيرا حين 4
رايت من بنيك يسلكون فى الحق ، كمثل ما اخذنا وصية من
الاب ، والان يا قورية ، ليس مثل الوصية الحديثه اكتب اليك ، 5
ولاكن الذى كان لنا من اول ، ان نحب بعضنا بعض ، وهذا هو 6
الحب ، ان نسلك كمثل الوصية ، فهذه هى الوصية ، كما قد
سمعتم من اول ، ان تسلكون فيها ، من اجل ان كثير من 7 f. 95 b
الطغاة خرجوا فى هذا العالم ، الذين لا يومنون ان يسوع المسيح
جا بالجسد ، هذا هو الطاغى ، والمسيح الدجال ، احتفظوا بانفسكم 8
الا تهلكون الشى الذى عملتم ، لكيما يوفى لكم اجر تام ، كل 9
الذى يخالف ولا يثبت فى علم المسيح ، فليس فيه الله ، فاما
الذى يثبت فى علمه ، فهذا فيه الاب والابن ، ان جاكم انسان 10
وليس عنده هذا العلم ، لا تقبلونه فى البيت ، ولا تقولون له افرح
واسر ، ان الذى يقول له افرح فهو شريك سيات اعماله ، كثير 11, 12
اردت ان اكتب اليكم ، ولاكن لم [1]ارد ان يكون ذلك فى قرطاس
ومداد ، ولاكن [2]ارجو ان اجيكم ، واكلمكم من فم الى فم ، f. 96 a
ليكون فرحنا تام ، يقريكم السلم بنى اختك المختارة ، امين ، كملت 13
رسالة يحنا السليح ✤ ✤ ✤

III John 1, 2 الرسالة الثانية *sic* ليحنا السليح ، من الشيخ الى عاييوس المحبوب ،
الذى انا احبه بحق ✤ يا محبوب انى فى كل شى اصلى عليك ،
ان تستقيم وتكون صحيح ، كمثل استقامة نفسك ، فرحت بحق 3
كثيرا حين يجون الاخوة ويخبرونى عن استقامتك ، كالذى انت 4
تسلك بالحق ، فليس لى اعظم من هذا الفرح ، حين اسمع ان 5

[1] Cod. اريد , [2] Cod. ارجوا

III JOHN 6—JUDE 3. ٧٠

6 ابناى يسلكون بالحق „ يا محبوب انك بالايمان تصنع الذى
تصنع الى الاخوة „ وبزيادة انهم غربا „ الذين شهدوا على حبك
7 قدام كل الجماعة „ الذى نعما تصنع حين تزودهم كما ينبغى (f. 96 b)
8 لله „ انهم خرجوا على اثر اسمه „ اذ لم ياخذون من الشعوب
9 شيا „ نحن ينبغى لنا ان نقبل مثل هاولى „ لنكون معاونة للحق „
10 اردت ان اكتب الى الجماعة „ ولاكن الذى يريد ان يكون
اولكم فلا يقبل ذيوفرطوس „ من اجل هذا ان جاكم فاذكروا
اعماله التى عمل „ انه يرمينا بكلام سو „ واذ لا [1]يكفينا هذا „ لا هو
11 يقبل الاخوة وللذين يقبلون يمنع „ ويخرج من الكنيسة „ [2]يا ايه[2]
المحبوب لا تكون شبيه بالشر „ ولاكن بالخير „ الذى يعمل الخير
12 فهو من الله „ والذى يعمل الشر فلم يرى الله „ على دمطرس (f. 97 a)
شهادة من كل انسان ومن الجماعة „ ومن الحق „ ونحن ايضا
13 [3]نشهد „ واعلم ان شهادتنا هى حق „ اردت ان اكتب اليك اشيا
كثيرة „ ولاكن ليس اريد ان اكتب بالمداد „ والقلم „ من اجل
14 انى [4]ارجو ان اراك عاجلا „ ونتكلم من فم الى فم „ السلم يكون
معك „ يقرونك السلم الاصدقا „ اقرى السلم الاصدقا كل انسان
باسمه „ كملت رسالة يحنا السليح

Jude 1 رسالة يهود السليح „ يهودا اخو يعقوب عبد يسوع المسيح „ الى
الشعوب المدعيين „ المحبوبين الى الله الاب „ ومحتفظين يسوع
2, 3 المسيح „ الرافة والسلم بالحب يكثر لكم ✤ [2]يا ايه[2] المحبوبين „ (f 97 b)
حين ارى كل اجتهادى فى الكتب اليكم على حياتنا نحن
الجماعة „ انه شديد على ان اكتب اليكم حتى اريد ان [5]تجهدون

[1] Cod. يكفنا [2] Cod. يايه [3] Cod. نسهد
[4] Cod. ارجوا [5] Cod. تحمدون

٧١ JUDE 4—15.

بدل الايمان „ الذى مرة واحدة دفع الى القديسين „ وقد اتخذوا 4
اناس مداخل التى من اول تقدمت كتبت لهذه العقوبة „ اناس
منافقين „ الذين يردون نعمة الله الى الدنس „ وبالذى هو وحده
الله الرب وربنا يسوع المسيح يكفرون „ اريد ان اذكركم حين 5
تعلمون انتم كلكم „ ان الله حين خلص الشعب مرة واحدة من
مصر „ الثانية اهلك الذين لم يصدقون „ والملايكة الذين لم 6
يحفظون رياستهم ولاكن تركوا مسكنهم الى قضا يوم الكبير „ f. 98a
بوثاق لا يرى „ تحت الغم „ اقرهم كما ان سدوم وعامورا والمداين 7
التى حواليهن بشبه هاولى „ خبثن واتبعن شهوات اخر „ اسفل
النار الى الدهر اقرهن „ حين شجبهن فى القضا „ كذلك ايضا 8
هاولى الذين يتشابهون بالريا „ يدنسون الجسد ويظلمون الربوبية „
[1]ويجدفون على المجد ✤ ميكايل راس الملايكة „ الذى كان يكلم 9
الشيطان المحال ويخاصمه „ من اجل جسد موسى „ لم يستعجل
ان يشجبه لما جدف ولاكن قال يغرب بك الرب „ فهاولى الذين 10
حين لا يعلمون يجدفون „ بالذين من اصلهم مثل الدواب التى
لا تتكلم „ عارفين بها يفسدون „ اللهف لهم انهم سلكوا فى سبيل 11 f. 98b
قاين „ وافحشوا فى اجر طغا بلعم وهلكوا بمعصية قورح „ هاولى 12
الذين بهواهم حين هم مدنسين يجزون „ اذ يسوسون انفسهم
بغير خشية „ غمام بغير مطر „ الذى يطيش من الريح „ شجر قد
انتفض ثمرتهن „ وهن بغير ثمر „ وماتوا مرتين „ وصعد من اصلهم „
امواج البحر الشديدة „ الذى بربكهم يرون „ خزيهم „ كواكب 13
الطغاة „ هاولى الذين غم الظلمة الى الدهر ينتظرهم ✤ تنبا ايضا 14
على هاولى الذى هو سبعة من ادم „ احنوخ حين قال „ ان الرب
هذا يجى „ بكثرة القديسين „ ليقضى على كل ويبكت لكل 15 f. 99a

[1] Cod. ويحدفون

JUDE 15—25. ٧٢

المنافقين ، من اجل كل الاعمال التى جرموا ، ومن اجل كل
16 كلام شديد الذى تكلموا ، [1]الخطايين المنافقين ، هاولى هم الذين
يرغمون وينقضون فى كل امر حين يعملون [2]كنحو محبتهم
17 وفمهم يتكلم السيات ، ويمدحون الوجه ، من اجل المنفعة ، اما انتم
يا محبوبين اذكروا الكلام الذى تقدم قيل من سليحين ربنا
18 يسوع المسيح ، حين كانوا يقولون لكم ، ان فى اخر الزمان
يكونون الذين يستفزون ، الذين [2]كنحو محبتهم يتبعون الجرم ،
19, 20 هاولى هم الذين يفترزون انفس ليس فيهن روح ✤ أما انتم يا
f. 99b محبوبين ، بايمانكم المقدسة تجددوا من الراس ، بروح القدس ،
21, 22 وتكونوا تصلون ، انفسنا نحتفظ بحب الله ، حين ننتظر رافة
23 ربنا يسوع المسيح لحياتنا الى الدهر ، وثيابهم اخطفوا من النار ،
فحين يندمون ترحموا عليهم بخشية ، حين يبغضون ايضا الكتونية
24 التى من الجسد المدنس ، الذى يستطيع ان يحفظكم بغير زلة
وبغير وسخ ، ويقيمكم وحده بغير ملامة ، الله خلاصنا بيسوع
25 المسيح ربنا قدام مجده بالفرح ، له الحمد والملك ، والكرامة والعظمة
الان وفى كل العالم امين ✤ كملت رسالة يهودا السليح وكتب
الخاطى موسى الراهب الابركسيس والرسايل السبع ولله السبح
والكرامة والعز الذى اعان وسلم ✤

صلاة الراهب

f. 100b كان لراهب صديق علمانى وان الراهب مرض ذات مرة ، وانه قال
للعلمانى صلى [3]يا اخى[3] لله وسله يشفينى وانه صلى فبرى الراهب ،
وان العلمانى مرض من بعد ذلك ، فقال للراهب صلى [4]يا ابتاه[4]
لله وسله يشفينى ، وان الراهب صلى فلم يبرى الاخر ، فقال له

[1] Cod. الحطايين [2] Cod. كنحوا [3] Cod. ياخى
[4] Cod يابتاه

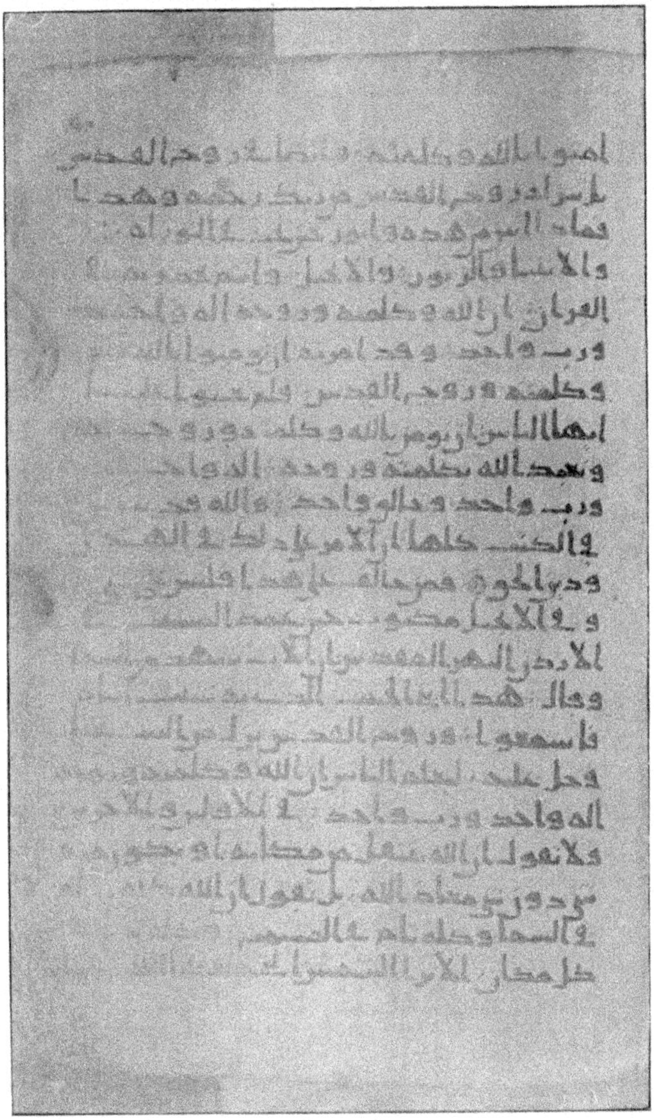

فى تثليث الله الواحد

f. 105 a.

(From a Photograph by Mrs Gibson.)

To face page ٧٣

اقوال ٧٣

العلمانى يا [1]ابتاه تعلم ان هذا الامر يريبنى „ انك حين مرضت دعوت الله لك فاستجابنى فبريت „ واما انت فدعوت لى فلم تستجاب „ فقال له الراهب يا بنى اما انا حين سالتك [2]تدعو لى „ امنت بصلاتك انها تستجاب „ واما انت فسالتنى ان [3]ادعو لك ولم تومن ان صلاتى تستجاب „ [4]فكنحو ما انت يكون لك „

f. 101 a

اقوال

قال رجل لشيخ من الابا من اين ياتنى [5]شهوة النسا „ فقال له الشيخ من كثرة نومك وفضل طعامك „

قال شيخ من الابا تفكر فى عملك كل حين واشغل نفسك بالتسبيح „ والصلاة والود لربك قبل ان يشغلها اخرين فى هم سو „ خبيث „

قال شيخ من الابا كما ان النار تحرق الحطب كذلك تقا الله يحرق الظلم والشهوات „

قال شيخ من الابا ان مراة التقى الصلاة وتاجه التواضع „ ولله السبح والغلبة امين „

f. 101 b was blank, and is covered by a later writing in a very careless hand.

[1] Cod. بتاه [2] Cod. تدعوا [3] Cod. ادعوا [4] Cod. فكنحوا [5] Cod. سهوة

فى تثليث الله الواحد

f. 102 a بسم الاب والابن وروح القدس الاه واحد اللهم برحمتك توفقنا للصدق والصواب ، الحمد لله الذى لم يكن شى قبله ، وكان قبل كل شى ، الذى ليس شى بعده وهو وارث كل شى ، واليه مصير كل شى ، الذى حفظ بعلمه علم كل شى ، ولم يسع لذلك الا عمله ، الذى الى علمه انتها كل شى ، واحصى كل شى بعلمه ، نسلك اللهم برحمتك وقدرتك ان تجعلنا ممن يعرف حقك ✤ ويتبع رضاك ويتحـ... سخطك ويسبح باسمايك الحسنات بامثالك العليا ✤ انت الراحم الرحمن ⌈الجالس⌉ على العرش استويت وعلى الخلايق عليت ⌈وكل⌉ شى مليت ، تخير ولا تخار عليك ✤ تقضى ولا يقضى عليك ، تستغنى عنا ونفتقر اليك : قريب لمن دنى منك : مجيب لمن دعاك [1]وتضرع اليك ✤ فانت اللهم رب كل شى . والاه كل شى . فخالق كل شى : افتح افواهنا وانشر السنتنا ولين قلوبنا واسرح صدورنا لتسبيح اسمك الكريم العلى العظيم المبارك المقدس فانه لا اله قبلك ولا اله بعدك : اليك المصير : وانت على كل شى قدير ✤ ولك الحمد اللهم خالق السماوات والا⌈رض⌉ f. 102 b وما فيهما بكلمتك وروحك ✤ ولك الحمد اللهم ساكن النور وخالق الملايكة والروح ليسبحوا اسمك ✤ اسمك المقدس ✤ ولرسالة اسمك ولسلطان قدرتك ✤ فهم لا يفترون من تعظيمك وتقديسك ✤ قايلين قدوس قدوس قدوس الرب العزيز الذى امتلت السماوات والارض من كرامته ✤ وانما يسبحون ثلث ويختمون برب واحد ✤ ليعلم الناس ✤ ان الملايكة يسبحون لله وكلمته وروحه ✤ اله

[1] Cod. وتذرع

٧٥ فى تثليث الله الواحد

واحد ورب واحد ✤ فلك نعبد ربنا والاهنا ✤ بكلمتك وروحك ✤
وانت اللهم بكلمتك خلقت السماوات والارض وما فيهما ✤ وبروح
القدس احييت جنود الملايكة فنحن نحمدك اللهم ونسبحك
ونمجدك بكلمتك الخالقة وبروحك المقدس المحى ✤ اله واحد :
ورب واحد ✤ وخالق واحد ✤ لا نفرق الله من كلمته وروحه ✤
ولا نعبد مع الله بكلمته وروحه اله اخر ✤ وقد بين الله امره
ونوره فى التوراة : والانبيا ,, والزبور والانجيل ان الله وكلمته
وروحه اله وحد . ورب ⌜و⌝احد ✤ وسانبيين ذلك ان شا الله فى
هذه الكتب المنزلة لمن يريد الحلم : ويبصر الامور ويعرف الحق : f 103a
ويسرح صدره ليومن بالله وكتبه : كما قال المسيح فى الانجيل ✤
تدبرون الكتب فانكم تجدون فيها الحياة الدايمة ✤ وقال ايضا من John v. 39
يسل يعطى ومن يلتمس يجد ✤ ومن يستفتح يفتح له ✤ ✤ Luke XI 10
ومكتوب ايضا فى راس التوراة . التى انزلها الله على موسى نبيه :
فى طور سينا . [1]بدو خلق الله السما والارض : ثم قال : روح الله Genesis I. 1, 2
كان على المياه : ثم قال بكلمته : يكون نور فكان نور : ثم قال 3, 6
يكون رقيع : فكان رقيع ✤ وهى السما الدنيا : ثم قال تنبت الارض 11
عشب وخضرة وشجر ذا ثمر : وغير ذلك . وتخرج الارض نفس حية : 24
من الوحوش والانعام والسباع والدواب فكان كذلك ✤ ثم قال
وتخرج المياه من كل دابة ذات النفس : وكل طير يطير فى السما : 20
على اصنافها واجناسها . فكان كذلك . ثم قال نخلق انسان على 26
شبهنا وتمثالنا ✤ فقد بين الله فى اول كتاب انزله على نبيه
موسى ✤ ان الله وكلمته وروحه اله واحد ✤ وان الله تبارك
وتعالى : خلق كل شى واحيا كل شى بكلمته وروحه : ولسنا نقول
ثلثة الاهة : .. .. الله : ولاكنا نقول ان الله وكلمته وروحه اله

[1] Cod. بدوا

فى تثليث

واحد وخالق واحد ❃ وذلك مثل طبقة الشمس التى فى السما والشعاع الذى تخرج من الشمس ❃ والسخونة التى تكون من الشمس ❃ بعضها من بعض لا نقول هى ثلثة الشمس ❃ ولاكن شمس واحدة وها اسما ثلثة ليس يفترق بعضهم من بعض ❃ وكمثل العين وحدقة العين والنور الذى فى العين لا نقول هن ثلثة اعين ولاكن عين واحدة فيها اسما ثلثة ❃ وكمثل النفس والجسد والروح لا نفرق بعضهم من بعض لا نقول ثلثة اناس ولاكن انسان واحد اسما ثلثة بوجه واحد : ومثل اصل الشجرة وفرع الشجرة وثمر الشجرة ❃ لا نقول هن ثلثة شجرات ولاكن شجرة واحدة بعضها من بعض ❃ وان كان يبدو ويظهر الناس فى حينه فقد علمنا ان ذلك كله فى الشجرة اذ اظهر وقبل ان يظهر ❃ وكمثل عين الما التى ينبع من العين فيجرى منها نهرا : ومن ما النهر يجتمع فيكون بحيرة : لا تستطيع ان تفرق بعضه من بعض وان كان اسماها مختلفة لا نقول هى ثلثة مياه اّلاّ ما واحد فى العين والنهر والبحيرة الانسان وعقله والكلمة التى تولد من عقله بعضها من بعض ❃ والروح فى العقل والكلمة من العقل وبعضه من بعض : لا نفرق بينهم وكل واحد من الاخر [1] يبدو ويعرف ❃ وكمثل الفم واللسان الذى فى الفم والكلمة التى تخرج من اللسان ❃ كذلك قولنا فى الاب والابن وروح القدس ❃ به تنبى الانبيا وقالوا فم الرب تكلم ❃ فهذا كله بيان ايماننا بالاب والابن وروح القدس ❃ رب واحد نعرف الله بكلمته وروحه ❃ وكلمة الله وروحه به نسبحه ونحمده ❃ وكذلك ينبغى ان يومن الناس به ❃ ولاكن ينبغى ان نعلم انا لا ندرك شى من امر الله ولا عظمته بكلام ولا بامثال ولا بقول ❃ ولاكن بايمان وتقوى وخشية الله

[1] Cod. يبدوا

الله الواحد

۱وزكاة الروح: فان كان من من الناس رجا ان يدرك شى من
عظمة الله ♣ فانه يطلب ظله الذى لا يدركه ابدا. وكل من ظن
انه يخبر يقين قدر الله: فانه قد قدر على ان يطيل ما البحر بكفه ♣
فان الله تبارك اسمه وتعالى ذكره اجل امرا واعظم شا ۱.. يدركه
5 العقول والابصار ♣ هو الدّارك لا يدرك ♣ وكذلك ينبغى لله العلى
للك... ولكلمته وروحه فان كل شى من امر الله عجب
معجب ♣ ولسنا نقول ان الله ولد كلمته كما يلد احد من
الناس: معاذ الله. ولاكنا نقول ان الاب ولد كلمته كما تلد
الشمس الشعاع وكما يلد العقل الكلمة: وكما تلد النار السخونة ♣
10 لم يكن شى من هاولا قبل الذى ولد منه ♣ ولم يكن الله تبارك
اسمه قط دون كلمة وروح ♣ ولاكن الله منذ قط بكلمته
وروحه وكانت كلمته وروحه عند الله وبالله قبل ان يخلق
الخلايق: لا نقول كيف يكون ذلك ♣ فان كل شى من امر الله
عظمة وجبروة وكما لا يستطيع احد من الناس ان يدرك شى
15 من الله: كذلك لا يستطيع ان يدرك كلمة الله وروحه ♣
وكذلك قال الله فى التوراة نخلق الانسان على شبيهنا وتمثالنا:
ولم ²يقل الله تبارك اسمه انى خلقت الانسان ولاكنه قال انا
خلقنا الانسان ليعلم الناس ان الله بكلمته وروحه خلق كل شى
واحيا كل شى وهو الخلاق العليم وتجدونه فى القران انا خلقنا
20 الانسان فى كبد وانا فتحنا ابواب السما بما منهمر قال تاتونا
فرادى كما خلقناكم اول مرة: وقال امنوا بالله وكلمته. وايضا
فى روح القدس بل تنزله روح القدس من ربك رحمة وهدى "
فماذا ابين من هذه وانور حين نجد فى التوراة ♣ والانبيا
والزبور ♣ والانجيل ♣ وانتم تجدونه فى القران ♣ ان الله وكلمته

f. 104 b

Gen. I. 26

Coran
Sura XC. v. 4
LIV. v. 11;
VI. v. 94 sic
f. 105 a
IV. v. 169 sic
XVI. v. 104 sic

² Cod. يقول   ¹ Cod. وذكاة

وروحه اله واحد ورب واحد ✤ وقد امرتم ان تومنوا بالله وكلمته وروح القدس ✤ فلم تعيبوا علينا ايها الناس : ان نومن بالله وكلمته وروحه : ونعبد الله بكلمته وروحه ✤ اله واحد ورب واحد : وخالق واحد : والله فد بين فى الكتب كلها . ان الامر على ذلك فى الهدى ودين الحق ✤ فمن خالف على هذا فليس على شى ✤ وفى الانجيل مكتوب حين عمد المسيح فى الاردن النهر

Matthew III. 17 *sic*

المقدس · ان الاب شهد من السما وقال : هذا ابنى الحبيب الذى به شيت اياه فاسمعوا · وروح القدس نزل من السما وحل عليه ✤ ليعلم الناس ان الله وكلمته وروحه اله واحد : ورب واحد : فى الاولين والاخرين ✤ ولا تقول ان الله ينتقل من مكانه . او يكون منه شى دون شى معاذ الله ✤ بل نقول ان الله كله تام فى السما : وكله تام فى المسيح : وكله تام ⌜فى⌝ كل مكان ✤ الا ترى

f. 105 b

الشمس التى خلقها الله .... ونور لاهل الدنيا ✤ انها فى السما وفى الاودية والجبال والاكام والبحور · لا يفترق ولا ينتقل من مكان الى مكان : ولاكنه حيث يشا يكون كما يشا ✤ ملا كل شى عظمته وسلطانه ولا شى اجل منه ✤ وكذلك تنبى داود النبى على

Psalm XXIX. 3

صبغة المسيح وقال ✤ صوت الرب على الما الله المحمود ارعد الله على الما الكثير „ فماذا ابين من هذه النبوة ✤ على صبغة المسيح ان الاب شهد من السما والابن كان على الما وروح القدس نزل عليه ✤ وذلك كله الاه واحد وسلطان واحد ✤ فهذا ايماننا وشهادتنا بالله وكلمته وروحه : هو الاب والابن وروح القدس ✤ اله واحد ورب واحد ✤ اما فى المسيح فخلص الناس و⌜نجا⌝هم فسانبين ذلك ان شا الله كيف ارسل الله كلمته ونوره رحمة للناس وهدى ومن عليهم به ✤ ولم نزل من السما خلاص لادم وذريته من ابليس وظلمته وضلالته ✤ ان الله تبارك اسمه وتقدس

وتعالى خلق بفضله ورحمته العظيمة ✤ السموات والارض وما فيهما f. 106 a في ستة ايام وخلق ادم من تراب ونفخ فيه نسمة الحياة وكان ادم نفس حى ثم اسكنه الجنة وخلق له من ضلعه زوجته Gen II 16 ff واوصاهما ياكلا من كل شجرة فى الجنة ✤ واما من شجرة الخير والشر فلا ياكلا منها فانهما يوم ياكلا منها موت تموتان ✤ فحسدهما ابليس واراد ان يخرجهما من كرامة الله ✤ فاتى حوا زوجة ادم· فقال لها لذلك قال الله لا تاكلا من شجرة العلم ✤ انه قد علم متى تاكلا منها تكونان الاهين مثله فزين لهما ابليس وغرهما : فاكلت منها حوا واطعمت زوجها· فعريا وبدات لهما سواتهما واستترا بورق التين ✤ فاخرجهما الله من الجنة وسكنا مقابلها ✤ وجعل الله حايط الجنة من نار. وورث ادم المعصية والخطية والموت ✤ فجرى ذلك فى ذرية ادم لم [1]يستطيع احد من الناس نبيا ولا غيره : ان يخلص ذرية ادم من المعصية والخطية والموت : وكان ما بين ادم ونوح عشرة ابا وذلك الفين وميتين وسبعين سنة ✤ لا يذكرون الله ولا يعبدونه الى نوح ومن احب الله واطاعه منهم وكان نوح يعظهم ويدعوهم الى الله وهم f. 106 b يستهزون به : ويخالفوونه ثم ان الله اتى بالطوفان على بنى ادم وعلى كل دابة فى زمان نوح : فغرق اهل الدنيا كلهم : وخلص نوح واهل بيته وهم ثمنية انفس فى السفينة التى امره الله ان يصنعها وكان معه فى السفينة من كل دابة وكل طير كما امره الله : ثم اخرج الله نوح واهل بيته بعد سنة من السفينة وسكن الارض ببنيه واهل بيته : وقرب لله قربانا فتقبل الله قربانه ذلك ✤ ثم كان ما بين نوح الى ابرهيم الطيب الذى اجتباه الله لطاعته عشرة ابا وذلك الف وميتين سنة ⊙ فكان الناس يعبدون الشيطان

[1] Sic in Cod.

من دون الله ويركبون المحارم ومعاصى الله الا اصفيا الله وهم قليل في زمانهم ✤ ينذرونهم ويدعونهم الى الله ✤ ويلقون منهم البلا الشديد والعداوة الظاهرة من اقاربهم وغيرة من الناس ✤ ✤ ثم كان ما بين ابرهيم الى موسى نبى الله [1]اربع ماية وثلثين سنة ⊙ فصار الناس اشر ما كانوا قط : واسواهم فعلا واقبحة هية : واشتغل الشر فى الناس وظهر فيهم عمل ابليس الخبيث : وعمل قوم f. 107 a سدوم الذى سكن فيهم لوط بن اخى ابرهيم العمل الفاحش الخبيث القبيح · فاهلكهم الله بمطر من نار ونفط فلم يخلص منهم احدا ونجا الله لوط وابنتيه من الهلاك فان الله مع الذين يتقونه ويعملون صلاحا ⊙ ثم دخل اسرايل وبنيه الى مصر وهم خمسة وسبعين نفسا بين رجل وامراة وصبى : فكثرهم الله وانماهم حتى بلغوا ستة مية الف وزيادة : فقام على مصر فرعون اخر لم يكن يعرف يوسف ففرقهم [2]واتاهم بالعمل الشديد واراد ان يهلك بنى اسرايل ✤ وجعل نفسه الاها واستعملهم بالبنيان الشديد وجهدهم اشد الجهد وقتل بنيهم وخلص الله موسى وربته بنت فرعون : [3]فتضرع بنى اسرايل الى الله ان يخلصهم من الجهد الذى كانوا فيه ومن يد فرعون : فاستجاب الله لهم واطلعهم برحمته : فخرج موسى من مصر فارا فساقه الله حتى بلغ طور سينا فكلمه الله تكليما من جانب الطور الايمن : وقال له انه قد صعد الي نواح بنى اسرايل وجهدهم الذى اجهدهم فرعون وقومه فارسله الله الى فرعون وايده بالايات العظايم الكبيرة والقوة الشديدة ✤ ثم ان f 107 b الله فرج البحر عن بنى اسرايل فاجازهم فى وسطه وغرق فرعون وجنوده ✤ وكان الله شديد [4]ذو انتقام وكان الله يهديهم بالليل بعمود من نار وبالنهار يظلهم بالغمام : ورزقهم المن والسلوى ومن

[1] Cod. ابع [2] Cod. واتهم [3] Cod. فتدرع [4] Cod. ذوا

عليهم اربعين سنة فى ارض القفر. فى ذلك يعصون الله ويركبون مساخط الرب ✤ فلم ينتهى عتهم الشيطان حتى افتنهم وعبدوا عجل الذهب من دون الله ✤ وموسى حينيذ عند الله فى طور سينا يقبل التوراة ✤ فاراد الله ان يهلك بنى اسرايل باعمالهم الخبيثة فرغب موسى الى الله وساله ان يتجاوز عنهم ويعفيهم من الهلكة ✤ فقبل الله شفاعة عبده ونبيه موسى فتجاوز عنهم وعفاهم Deut. XVIII 18 من الموت „ ثم قال الله لموسى ولبنى اسرايل انى اقيم لكم نبيا مثلى فاطيعوه فى كل شى يامركم به ✤ فمن لم [1]يطعه فانى امحو اسمه واهلكه من بنى اسرايل ✤ والنبى هو المسيح كلمة الله وروحه الذى ارسله من السما رحمة وهدى لذرية ادم وخلاصهم ✤ ثم ان الله ⌈فبين⌉ موسى نبيه ○ فكان ما عاش موسى f. 108 a مية وعشرين سنة ⊙ فعاد بنى اسرايل الى اشر ما كانوا قط . يعبدون الشيطان فى كل مكان ✤ ولا يذكرون الله ✤ ويذبحون بنيهم وبناتهم للشيطان وجنوده ✤ وذلك بعد ما ادخلهم الى ارض فلسطين الارض المقدسة . فارسل الله اليهم انبياه ورسله وكثر فيهم الانبيا فكانوا يعظونهم ويدعونهم الى الله ويبينون له عمل الشيطان وفتنته وضلالته . فغلب الشيطان على بنى اسرايل وعلى الناس كلهم وافقرهم وطغاهم واتخذ الناس عبيد من دون الله ✤ وافتنهم واضلهم بكل عمل خبيث وواب الناس على انبيا الله ورسله وعمى قلوبهم الا يفهمون كلام انبيا الله : فمنهم من قتلوه ومنهم من رجموه ومنهم من كدبوه ✤ وظهر عمل ابليس وضلالته فى كل امة وكل قوم ✤ وعبدوا النار والاصنام والدواب والشجر وعبدوا الحيوات والحيتان وكل دواب الارض ✤ فلم يرضى الله هذا لخلقه ✤ وكان الله ارحم الراحمين بخلقه · واحق من تولى

[1] Cod. يطيعه

خلاصهم وفرقانهم من فتنة ابليس وضلالته : فلما [1]راى ذلك انبيا
f. 108b الله : ان بنى ادم قد هلكوا وقد غلب عليهم الشيطان . ولم [2]يستطع
احد من الناس ان يخلص ذرية ادم من الضلالة والهلكة : رغب
انبيا الله ورسله الى الله : وسالوه ان ينزل الى خلقه وعباده . فيتولى
Is. LXIV 1 برحمته خلاصهم من ضلالة الشيطان ✤ فمنهم من قال رب طاطى
Ps. LXXX. 1 السما واهبط الينا . ومنهم من قال الجالس على الكروبين اظهر لنا
[3]اقم قوتك وتعال لخلاصنا : ومنهم القايل لا شفيع ولا ملك ولاكن
Ps. CVII. 20 الرب ياتى فيخلصنا : واخر تنبا وقال ارسل الله كلمته فشفانا
Hab. II. 3 من جهدنا وخلصنا ✤ واخر تنبا وقال [4]جهارا ياتى ولا يلبث ✤
Ps CXVIII. 26, 27 وداود النبى تنبا وقال مبارك الذى ياتى باسم الرب اللهم ربنا
Ps. L. 3 اطلعنا ✤ وقال ايضا ياتى الله ولا [5]يسكت النار تاكل قدامه
وتنعم ان تشتعل حوله . فماذا ابين وانور من هذه النبوة على
المسيح : حين تنبا الانبيا وقالوا انه الاه ورب ومخلص . وهو الذى
هبط من السما خلاص لعباده : ولم فارق العرش . فان الله وكلمته
وروحه ″ على العرش وفى كل مكان تام لا ينتقص . امتلت
السماوات والارض وما فيهما من كرامته . فلما راى الله خلقه
قد هلكوا وقد استحوذ الشيطان عليهم : وعبده كل امة وكل قوم

* * * * * * * * * * * *

f 109b ولو ان الله وله العزة والقدرة . اراد ان يهلك ابليس وهو فى
[6]العرش فعل لانه فى كل مكان على كل شى قادر . لا يعجزه
شيا اراده فى [7]السماوات والارض ولاكن كان ابليس قد ضرع ادم
وافتنه واورثه الموت والمعصية واخرجه من الجنة وافتخر عليه

[1] Cod. را *passim* [2] Cod. يستطيع [3] Cod. اقيم
[4] Cod. جهار [5] Cod يسكب [6] Cod العرس
[7] Cod. السماوت

وعلى ذريته . وظن الخبيث انه لا يزال يقهر ذرية ادم ويتعبهم وليس يستطيع احد ان يخلصهم من ضلالته فاحب الله ان يهلكه ويطيه بهذا الانسان الذى افتن واستضعف : واهلكه وجعله تحته بمعصيته الله فيما كان يرى : فارسل الله من عرشه كلمته التى هى منه : وخلص ذرية ادم ولبس هذا الانسان الضعيف المقهور من مريم الطيبة التى اصطفاها الله على نسا العالمين : فاحتجب بها واهلك به الشر واكبته وكبته وتركه ضعيفا ذليلا : لا يفتخر على ذرية ادم شديد الحسرة حين قهره الله بهذا الانسان الذى لبسه ولو ان الله اهلك ابليس من دون ان يلبس هذا الانسان الذى طبه به : لم يكن ابليس يجد الحسرة والندامة . واذن لقال الخبيث انى قد ضرعت وافتنت واخرجت من الجنة الانسان الذى خلقه الله بيده على ⌜شبهه⌝ وبمثاله وقبضته من الله واورثه

. . . .

f. 110b Luke 1. 34 تلدين المسيح . مخلص اسرايل „ فقالت مريم اين يكون لى ولد ولم يمسنى بشر „ قال جبريل روح الله عليك تنزل وقوة العلى فيك تحل : والذى يولد منك مقدس ابن العلى يسمى : وانت مباركة فى النسا فمن اصدق شهادة من جبريل راس الملايكة : الذى يقوم عند العرش ويرسل لكل بشير ونبوة من الله ✤ فولد المسيح من مريم المطهرة بروح القدس من غير يمسها بشرا ✤ اله من الله ✤ ونور من نوره ✤ كلمته وروحه ✤ وانسان كامل بالنفس والجسد من غير خطية ✤ وبقيت مريم عذرا بعد ما ولدته ✤ فلو لم يكن المسيح اله من الله ونور لم تبقى مريم عذرا بعد ما ولدته : ولاكنها ولدت نور الله وكلمته : رحمة وهدى وخلاص لخلقه ✤ فخلص ادم وذريته من ضلالة ابليس ✤ واقام ادم من عثرته وشفا قرحته وجدد بلاه وجبر صدعه وانقذه وذريته

من يدى ابليس : وابطل ظلمته وطغيانه . وفطر قلبنا من عبادة الشيطان : وصلب الخطية [1]بصليبه : وامات الموت الذى ورث ادم (f. 111a) بالمعصية بموته ✤ واظهر القيامة ✤ واقام الحق والبر : والهدى برحمته ومنه على الناس : وعلى خلق الله ✤ ونوره فى الناس وبين لهم عظمته ✤ واعلمهم ان يعبدون الله وكلمته وروحه : اله واحد : ورب واحد : واعلم ان المسيح لم ينزل من السما لخلاص نفسه : لقد كان كلمة وروح عند الله من قبل الدهر ✤ وكانت الملايكة يسبحون لله وكلمته وروحه . رب واحد يقدس كل ✤ ولاكنه نزل رحمة وخلاص لادم وذريته من ابليس : وضلالته ✤ ولم يفارق العرش عند الله : وكان اله من الله فى السما يدبر الامور ويرحم خلقه كيف يشا ✤ فعمل المسيح من الايات عمل (John x. 38) اله ليعلم الناس من عمله انه اله من الله ونور ✤ ⊙ وكذلك قال المسيح لبنى اسرايل ان لم تومنوا لى فاومنوا لعملى الذى (Coran S III. v 43; Protevangelion) اعمل ✤ فخلق المسيح وليس يخلق الا الله ✤ وانتم تجدون فى القران وقال وخلق من الطين كهية الطير فنفخ فيه فاذا هو طير باذن الله ✤ وغفر الذنوب ومن يغفر الذنوب الا الله واشبع من الجوع : وليس يعمل هذا ولا يرزق الا الله : وانتم تجدون هذا (f. 111b) كله من امر المسيح فى كتابكم واعطى الحواريون روح القدس· وسلطهم على الشياطين وعلى كل مرض ✤ وليس يعطى روح القدس الا الله ✤ هو الذى نفخ فى ادم فاذا هو انسان . ذا نفس حية ✤ وصعد الى السما من حيث نزل على اجنحة الملايكة ✤ وليس يستطيع ذلك الا الله : هو الذى نزل من السما على طور سينا وكلم موس واعطاه التوراة ✤ وهو فى كل مكان ايه الانسان تام لا ينتقص منه شى ✤ ثم ياتى المسيح يوم القيامة فيدين

[1] Cod بصلبه

الناس باعمالهم : ويورث الصالحين ملكوت السما وحياة دايمة لا
انقطاع لها ✤ والمسيح هو الوسط بيننا وبين الله الاها من الله
وانسان ✤ لم يكن يستطيع الناس ينظرون الى الله ويحيون ✤
فاراد الله رحمة بخلقه وكرامة لهم · فكان المسيح بيننا وبين الله
الاها من الله وانسان الديان للناس باعمالهم : فلذلك احتجب الله
بانسان من غير خطية : فرحمنا بالمسيح : وقربنا اليه : فهذا كله قد
تكلم به انبيا الله وقالوا على المسيح قبل ان يظهر للناس ✤
f 112a وسانبين ذلك كله من قولهم وكتبهم وبشراهم بالمسيح فيما كان
يوحى اليهم بروح القدس فى اخر كتابنا هذا ان شا الله ✤ ⊙
ولاكن نبدا [1]باية [2]واحدة قبله من قول المسيح . اذ قال للحوارين
حين صعد الى السما من طور الزيت . وامرهم ان ينتشرون فى
Matt. x. 16 الدنيا كلها ويبشرون عن ملكوت السما والتوبة على اسمه : قال
Luke xxiv. 49 لهم المسيح انى ارسلكم اليوم كغنم بين الذياب : ولاكن اقعدوا
فى بيت المقدس حتى تلبسون القوة من السما ✤ وانا اذهب الى
حيث كنت وارسل اليكم البرقليط روح القدس : : الصادق الذى
John xiv 26 لا يستطيع الناس ان ينظرون اليه . هو الذى يذكركم شانى وكل
Matt x 18, 19 شى كلمتكم به هو يتكلم فى افواهكم وساتساقوا الى ملوك
الدنيا وذوى السلطان فلا يهمنكم ما تتكلموا به · فان الروح الذى
ارسل اليكم هو يتكلم فى افواهكم : فقعدوا فى صهيون بيت
المقدس . فنزل عليهم روح القدس الذى وعدهم المسيح كانه ريح
عاصف : وذلك يوم العنصرة بعد صعود المسيح الى السما بعشرة
f 112b ايام : فتكلم الحواريون كلهم بالسنة من نار · لكل لسان امة فى
الدنيا . اثنين وسبعين لسانا وصدقهم المسيح وعده حين صعد الى
السما ولم يخلفهم قوله ✤ فمن هذا الذى يستطيع ان يقضى فى

[1] Cod يايت [2] Cod واحد

السما : فيجوز قضاه الا الله وهذه بكلمته وروحه ✤ فقد قضا المسيح فى السما ويقضى ✤ وارسل الى الحواريون روح القدس ✤ كما وعدهم : ولو كان مثل ادم او مثل احد من الناس نبيا او غيره : لم يستطيع ان يقضى فى السما ولا ان يطلع الى السما : ويبقى فى الارض : كما بقى ادم : ونوح : وابرهيم . وموسى : والانبيا والرسل كلهم : ولاكنه كلمة الله ونوره : اله من الله . نزل من السما بخلاص ادم وذريته من ابليس وضلالته ✤ وصعد الى السما حيث كان فى كرامته وسلطانه : وملا قلوب الناس الذين امنوا به قوة وروح القدس : لكيما يسبح الله وكلمته وروح القدس فى السماوات والارض : وكذلك علمنا المسيح [1]ان نقول[1] ابونا الذى فى السما Matt. vi 9 يتقدس اسمك تاتى ملكوتك : تكون مسرتك : كما فى السما كذلك f 113a فى الارض : رزق كفاف اعطينا يوم بيوم ✤ فاغفر لنا ذنوبنا كما نغفر نحن لمن يذنب الينا : ولا تدخلنا الى البلا يا رب ولاكن خلصنا من الشيطان من اجل ان لك الملكوت والعزة والحمد الى [2]دهر الداهرين امين ⊙ فاظهر المسيح نور الله فى الناس وجعلهم مثل ملايكة الله فى الارض : قد غلبوا شهوات الدنيا وحبها ✤ وكان مسرة الله فيهم كما هو فى الملايكة : ثم خرج الحواريون ✤ فاقتسموا الدنيا كلها بينهم : فبشروا عن ملكوت السما والتوبة على اسم المسيح ✤ وعملوا الايات كلها بروح القدس ✤ وشفوا كل مرض ودا : واخرجوا الشياطين من بنى ادم . واقاموا الاموات باسم المسيح : وابطلوا الاوثان وعبادة ابليس من بنى ادم : وظهر نور الله وحقه فى الامم كلها . وهدوهم الى عبادة الله وطاعته ✤ وانما كانوا اثنا عشر رجلا مساكين : ضعفا غربا فى الناس لا ملك لهم : ولا سلطان فى الدنيا : ولا مال .

[1] Cod. انقول   [2] Cod. الدهر

يصانعون به ولا معرفة ولا قرابة يدلون بها الى احد : .

. . . . . .

سيد من بنى اسرايل كثير العلم منهم . . بنى اسرايل . دعوا القوم ✤ ولا تحلوا بينهم وبين مـا يتكلمون وما يعلمون ✤ فان كان امرهم من الله ثبت دينهم واستقام لهم ✤ وان كان امرهم من غير الله ابطله الله ولم [1]يقم لهم فيه امرا ولا تكونوا ممن يعادى ويقاتل امر الله وانه لا طاقة لكم بدلك : فان اخرين قبلهم من بنى اسرايل قد خرجوا يدعون الى دين اخر ✤ فابطل الله عملهم وتعليمهم ✤ فرضى عامة بنى اسرايل بقول اخيهم هذا ✤ وتركوا الحواريون وتعليمهم ✤ وكان ذلك كله من الله وحده فلو الم يكن امر المسيح حق ولم يكن اله من الله ما استقام امر الحواريون ولا تعليمهم ولم يستطيعوا ان يهدوا الامم ✤ الذين لم يعبدوا الله قط . ولاكن المسيح ايد الحواريون بروح القدس ✤ وعملوا الايات كلها فبذلك هدوا الامم الى نور الله وعبادته ✤ واستقام امرهم فى الدنيا كلها . وهم غربا مساكين فرفع الله ذكرهم

. بكلمته خلق كل شى . وقال الله على لسان داود النبى ايضا فى المسيح : ابنى انت وانا اليوم ولدتك . سلنى اعطيك الشعوب لنحلتك واخذيك حصار الارض ترعاهم بقضيب من حديد ✤ فانظر اى ارض مما خلق الله فى الدنيا لا يسيح فيها اسم المسيح ✤ ولا يذكر فيها سلطانه ✤ فقد ورث المسيح الامم كلها كما قال الله على لسان داود النبى بلغ اسمه وسلطانه قاصى الدنيا وذلك حين تجسد كلمة الله من مريم المطهرة فكان اله وانسان ✤ وهو رجا الامم وهم كانوا ذخيرة

f. 115 a
Ps. II 8

[1] Cod يقوم

المسيح ✤ وتنبا ايضا داود بروح القدس ✤ وقال على المسيح : [Ps cx. 1] قال الرب لربى اقعد يمينى حتى اضع اعدايك تحت منصب قدميك ✤ فقد صعد المسيح الى السما ولم يفارق السما فقعد يمين الاب ووضع اعدايه الذين عصوه تحت منصب قدميه وتحت اقدام الذين امنوا بالمسيح ✤ وكذلك تجدون فى القران [f. 115b Coran S. III. v. 48] انى متوفيك ورافعك الي . ومطهرك من الذين كفروا ✤ وجاعل الذين اتبعوك فوق الذين كفروا الى يوم القيامة ✤ ولا تقول انا نومن بالاهين او نقول ربين · معاذ الله · انما الله اله واحد ورب واحد بكلمته وروحه ولاكن الله اوحى الى عبده ونبيه داود وبين له ان المسيح كلمة الله ونوره اذ اطلع للناس برحمته فانه اله من الله وان كان لبس جسد : فمن اطاعه فقد اطاع الله ومن عصاه فالله جاعله تحت قدميه ليعلم الناس ان الله ومسيحه فى عرش وكرامة واحدة · وليس شى من الله بعضه دون بعض ✤ [Matt. XXII. 42] وكذلك تجد فى الانجيل ان المسيح سال اليهود مجربا وقال لهم ما ظنكم بالمسيح ابن من هو ✤ قالت اليهود هو بن داود : فقال لهم المسيح كيف تنبا داود النبى بروح القدس على المسيح . قال الرب لربى اجلس يمينى حتى اضع اعداك تحت منصب قدميك ✤ فان كان المسيح بن داود فكيف يدعوه داود ربا . فتعصت اليهود ولم يجاوبوه بكلمة : ولو لم يكن المسيح اله من الله لم يجترى ان يجعل نفسه ربا لداود ولاكن كان [f. 116a] المسيح اله من الله . تجسد من مريم بنت داود لانها كانت من سبط داود فلذلك كان يسمى المسيح ⊙ وكان الله وعد داود نبيه ان من ذريتك يكون المسيح وكان كل شى تكلم داود النبى انما تكلم بروح القدس : الذى كان يوحى اليه كل شى ✤ فاكرم الله داود بالمسيح حين تجسد من ذريته ⊙

وتنبا اشعيا بن اعموص النبى هو الذى راى السماوات متفتحة : وراى
الرب على [1]العرش عالى : والكروبين حوله يصرخ بعضهم الى بعض ·
ويقول : قدوس : قدوس : قدوس الرب العزيز : الذى امتلت [2]السماوات Is. VI. 3
والارض تسبحته : قال بروح القدس على المسيح : ياتى من صهيون Is. LIX. 20
المخلص : ويصرف الضلالة عن يعقوب وقال ايضا بروح القدس ⊙
ويكون من اصل ايشى يقوم ريس الامم : والامم عليه يتوكلون ⊙ Is XI 10
وان ايشى هو والد داود النبى : ومريم الطيبة من ذرية داود : ومن
اصل ايشى : ومنها ولد المسيح : كلمة الله ونوره : الذى عليه يتوكل
الامم : وكان رجاهم وخلاصهم من الضلالة ✤ وقال اشعيا ايضا
بروح القدس ✤ لا ملك ولا شفيع : ولاكن الرب ياتى فيخلصنا : f. 116b Is. LIX. 16
من اجل انه احق به انه لم [3]يستطع ملك ولا شفيع ان يخلصنا *sic*
حتى اطلعنا بالمسيح وخلصنا : وهدى الامم وتسلط عليهم فملكهم
مثل الاه ✤ ومن عليهم بالهدى ✤ وهو الرب الذى اتانا من
صهيون : وصرف عنا الضلالة وكان لنا مخلصا ونجاة من الشيطان .
لم [3]يستطع ان يهدينا من الضلالة شفيع ولا ملك من ملايكة
الله ✤ ولا يخلصنا من الشيطان ولا من مصايده حتى اتانا ربنا
من صهيون : وولد من ذرية داود النبى : بما كان وعده الله
فخلصنا بقدرة وسلطان وهدانا الى نور الله وعمل طاعته وكان
رحمة بخلقه وتنبا اشعيا ايضا بروح القدس على ميلاد المسيح Is. VII. 14
وقال البثول يكون لها حبل وتلد ابنا ويسمى عمانويل · ترجمته
معنا الاهنا : فالبثول هى العذرا التى هى من ذرية ادم هى ولدت
المسيح عمانويل اله من الله ورحمة لخلقه ✤ ولم نسمع باحد
من الناس من ادم الى يومنا هذا : يسمى معنا الله او يسمى

[1] Cod. العرس   [2] Cod. السمات
[3] Cod. يستطيع

(f. 117a) كلمة الله · وولد من عذرا من غير يمسها بشر · الا المسيح ولا تكذبوا بما انعم الله على خلقه بالمسيح : وتنبا اشعيا ايضا بروح القدس على ميلاد المسيح (Is. IX 6) : قال غلام ولد لنا فاعطيناه بسلطانه · ويدعى اسمه ملك موامرة العظيمة : معجبا مشاور اله قوى مسلط راس السلم : اب الدهر الاخر ✤ فقد بين الله على لسان اشعيا نبيه ان الغلام الذى ولد للناس هو المسيح : الذى اطلعنا اله من الله ورحمة : حين يقول النبى : اله قوى مسلط معجب مشاور اب الدهر الاخر · وذلك الديان : فاى غلام ولد فى الناس من يوم خلق الله الناس والدنيا الى يوم الناس هذا يسمى اله قوى او اب الدهر الاخر : او قيل فيه : كان سلطانه على منكبيه ✤ وذلك لانه كان اله من الله ليس عليه سلطان : فلا تشك ايها الانسان فى المسيح : ولا يغرك تواضعه : فبذلك رفعنا الى ملكوت السما واكب ابليس تحت اقدام اتقياه ✤ فما عقوبة من كذب قول الله على السنة انبيايه : نستجير بالله من ذلك ونسله ان يجعلنا ممن (f. 117b) يصدق قوله وقول انبياه · فان ذلك رحمة من الله ورضوان وتوفيق للخير · فاتقوا الله واتبعوا قول المسيح · ولا تشكوا فيه · وتنبا اشعيا ايضا بروح القدس (Is. II 3) وقال من صهيون تخرج السنة وكلمة الرب من اورشلم : وحق من بيت المقدس : والسنة التى خرجت من صهيون هو الانجيل الذى جابه المسيح . واخرجه للناس سنة [1]حديثة . ونور وهدى : قد علم ذلك اهل العلم والكتب لا يشك فيها احد فيه خير ✤ فاما التوراة التى انزلها الله على موسى وبنى اسرايل : وهى سنة الاولى : التى انزلها فى طور سينا . ولا نعلم انه اتى احد من الانبيا بسنة [2]حديثة من صهيون : الا المسيح بالانجيل هدى ورحمة : وبيان لعمل طاعة الله ✤ وتمام العمل [3]بزكاة الروح

[1] Cod. حديثا [2] Cod. حديث [3] Cod بذكاة

وتقرب النفس الى الله . وزهاد فى الدنيا ورغبة فى الاخرة . وهذا
تمام العلم والعبادة التى كان يريد الله من الناس من غير يكرههم:
Matt v 17 وكذلك قال المسيح لم [1]اتى لاهدم مثلة موسى . ولاكن
f 118a Matt. xx. 28 اتمها : واجعل نفسى فدا عن كثرة ✤ فهو حق فدانا من الموت
والخطية وضلالة ابليس : فله الحمد والشكر على ذلك : وقال الله
Ps. xlvii 8, lxxxvii. 6, xxii. 27 على لسان داود النبى ملك الله على الامم ودون سلطان الشعوب
Ps. xxii. 27 ياتون ويسجدون قدامك : وذلك لان الامم لم يعبدوا الله : ولم
يدروا ما هو . حتى جا المسيح رجا الامم ✤ ولم يملك الله الامم
بطاعة وعبادة : حتى فداهم المسيح ✤ وملكهم وخلصهم من الضلالة
وجعلهم اوليا الله وكلمته وروحه ✤ وقد ملك الله السماوات ولارض
وما فيهما بقدرة وسلطان لا يعجزه شى اراده مما خلق . ولاكن
اراد الله تبارك وتقدس ان يملك الناس بسمع وطاعة ✤ ويكون
اجر طاعتهم عليه : فان الله لا يريد ان يعبده احد كرها . هو اعز
واجل امن يكره احد من خلقه فيعبده كرها وقال الله على
لسان ميكا وهو النبى الذى وكم اخاب ملك بنى اسرايل على
طغيانه وضلالته على دهر [2]الياس النبى وقتله يورام الملك بن
f 118b اخاب الملك الطاغى بن الطاغى فيما كان يوكبه من ضلالته
ويراه مخالفا لطاعة الله وقول انبياه : هو تنبا وقال بروح القدس
Micah v. 2 على ميلاد المسيح فيما اوحى الله اليه ✤ وانت بيت [3]الحيم
لا تكونى حقيرة فى سلطان يهوديا لانه يخرج منك ريس : وهو يرعى
امة اسرايل : ومخرجه من اول ايام الدهر ✤ فقد علم اهل الكتب
والناس كلهم : ان المسيح ولد فى بيت الحيم : رحمة وهدى :
ومنها راعى اسرايل ✤ راعى الامم كلها : رعاهم وساقهم الى اكرم
المنازل ملكوت السما ✤ وكان مخرجه من قبل ايام الدهر : لانه

[1] Cod. ات [2] Cod. الناس [3] Sic in Cod. *passim*

كلمة الله ونوره وكان عند الله قبل الدهر كله . فلما ولد المسيح فى بيت الحيم . انزل الله ملاكا من ملايكته ✤ على

Luke II. 10

رعاة كانوا يرعون عند بيت الحيم · فقال لهم ابشركم اليوم بفرح عظيم : هو فرح للامم عامة . انه اله ولد لكم اليوم مسيح رب فى مدينة داود : وهى بيت الحيم ✤ وهذه الاية لكم انكم تجدون غلاما فى المهد : فبينما الملك يبشرهم : سمعوا صوت جنود الملايكة

f. 119 a

بكثرة يسبحون ويقولون : تسبحة لله العلى : وعلى الارض السلم : وفى الناس المسرة الصالحة ✤ فقد نزل المسيح على الارض فكان لهم مسرة : وسلامة ورحمة : ومسرة [1]الله عمرت فى الناس ✤ فالمسيح حين اطلعهم طهر قلوبهم : وعمرها روح القدس ✤ وقربهم الى الله : وبين لهم النور والهدى : ثم طلع للمسيح نجما فى السما : فلما [2]راوا اهل المشرق : وراته المجوس قد...نوره وعظمة نجوم السما : وكان...لهم نهار او ليل : علموا انه نجم ملك عظيم... ملكه افضل من ملوك اهل الدنيا : ...وامن المشرق يتبعوا نور النجم فيه...والملك الذى ولد : ومعهم هدايا ذهبا ولبانا ومرا

Matt. II. 2

فساروا حتى دخلوا بيت المقدس : فتغيب عنهم النجم . وسالوا اهل بيت المقدس : وقالوا انه قد ولد فيكم ملكا عظيم : قد راينا نجمه فى المشرق ✤ فجينا نسجد له بهدايا معنا : فبلغ شانهم هيرودس ملك بنى اسرايل : فافزعه ذلك : وسال احبار اليهود : اين يولد

f. 119 b

Micah V. 2

المسيح اذا جا : فقالوا له فى بيت الحيم : كما قال الله على لسان نبيه ميكا وانت بيت الحيم لا تكونى حقيرة فى سلطان يهودا : لانه يخرج منك ريس وهو [3]يرعى امة اسرايل : ومخرجه من قبل ايام الدهر ✤ فمن هذا الذى ولد من اهل الدنيا يا معشر الناس كانت له ايات مثل هذه ✤ من ملوك الدنيا ✤ او من انبيا

[1] Cod. الله *bis* [2] Cod. راو [3] Cod. يرع

الله ✤ فالمسيح ولد من بتول وبقيت عذرا بعد ما ولدته ✤ من غير ان يمسها بشرا ✤ فاى اية اعظم او افضل من هذه ✤ ثم طلع له نجما فى السما نوره مثل نور الشمس[1] ✤ ثم سبحت له الملايكة حين ولد ✤ وبشروا الناس انه ولد لكم اليوم مسيح رب فى مدينة داود ✤ وليس تسبح الملايكة الا لله وكلمته وروحه ✤ وكانت هدايا المسيح لبانا فاللبان انما يقرب لله . وذهب انما يقرب للملوك ✤ وكذلك كان المسيح . اله من الله . وملك هو الذى ملك الامم كلها : وهداهم من الضلالة : وكل امور المسيح كانت ايات وعجايب : من يوم ولد واطلعنا برحمته الى السما : ورفعنا الى نور الله وكرامته ✤ فالحمد لله الذى رفعنا بالمسيح :

f. 120 a
Ps LXXII. 6

وتنبا داود . ايضا بروح القدس وقال ينزل الرب كمطر على جزة : وكالقطر الذى يقطر على الارض . ويطلع الى ايامه البر : وكثرة السلم : حتى تنفذ القمر ✤ ويملك من البحر الى البحر : ومن مخرج الانهار الى اقاصى الارض . بين يديه تخر الحكمة واعداه التراب يلحسون : وتسجد له كل ملوك الارض : وكل الامم يعبدونه : لانه خلص فقير من جبار . ومسكين لم يكن له عون . واسمه مكرم بين ايديهم يكون اسمه مبارك الى الدهر : وقبل الشمس دايم اسمه ✤ وقبل القمر الى حقب الاحقاب ✤ فقد نزل ⌈الينا⌉ الرب ولم يطلع الى ايام المسيح البر „ ⌈لنا⌉ الناس : واعمال الصالحة وكثرة السلم : بطاعة الله وزهادة فى الدنيا الى الدهر كله : وملك الامم من المشرق الى المغرب لا نجد مكان فى الدنيا : الا وفيه اسم المسيح يعبد ويكرم : كما قال النبى واسمه يكرم بين يديهم ✤ ويعبده الامم وهو المبارك الى الدهر الذى جعل البركة على اوليايه[2] . واسمه دايم قبل الشمس : وقبل القمر

[1] Cod. السمس   [2] Cod. اولاليايه

f. 120b وقبل كل شى : الى حقب الاحقاب : فمن من الناس تنبا عليه انبيا الله : او من ملوك الدنيا كان اسمه مبارك فى الامم : او دام اسمه قبل الشمس وقبل القمر ✤ الا المسيح كلمة الله ونوره ✤ فلو لم يكن المسيح اله من الله · نزل الى خلقه : وفيهم كان قبل ذنك : فاطلعهم رحمة وهدى : لم يعظمه داود النبى : ولم [1]يقل فيه مثل هذا القول : وليس ينبغى ان يقال لانسان قول مثل هذا او يعظم مثل الاه . ولاكن داود تنبا على المسيح : وقال انه الاه ينزل الى خلقه . ويهديهم من الضلالة : ويشرق فى قلوبهم البر وكثرة السلم ✤ وله يسجد ملوك الارض وكل الامم وتنبا إشعيا Is. XIX. 1 ايضا بروح القدس وقال هذا الرب قاعد على سحاب خفيفة · وياتى مصر ✤ ويزلزل اوثان مصر . فقد دخل المسيح الى مصر ✤ لابس جسد طاهر من مريم التى طهرها الله ✤ واكرمنا بذلك كما يكرم الملك عبده : اذا ما البسه ثوبه : ثم هو الذى زلزل اوثان مصر : وابطل عمل الشيطان منها : وهداهم من [2]ضلالة f. 121a ابليس . الى حق الله وتجارته : واشرق نوره فى قلوبهم : فانظر متى خلصت مصر من عبادة الاوثان وضلالة ابليس ✤ الا حين [3]وطاها المسيح برحمته : واطلعهم بنوره : فافهم ايها الانسان : الى نبوة الانبيا . وعمل المسيح وانظر ما احسن ✤ توفيق اعمال المسيح : ونبوة الانبيا وتنبا ايوب الصديق ايضا بروح القدس : وهو الذى Job IX. 8 ذكره الله ✤ وقال انه ⌐وجدنا¬ صديقا بار تعبد من كل عمل الشر ✤ تنبا وقال الله الذى مد [4]السما وحده ومشى على البحر كالبر ✤ ولا نعلم انه مشى على البحر احد من الناس ✤ الا المسيح ✤ انه مشى عليه وبين للناس : انه كلمة الله ونوره

[1] Cod. يقول [2] Cod. الضلالة

[3] Cod. وطيها [4] Cod. السمه

الله الواحد ٩٥

الذى به خلق السماوات والارض: وما فيهما: كما تنبا عليه ايوب
الصديق بروح القدس ❧ وكذلك تنبا داود النبى بروح القدس
وقال بكلمة الله السماوات بنين ❧ وبروح فمه احيى كل جنود Ps. XXXIII. 6
الملايكة ❧ فان كان الله تبارك اسمه: اقام السماوات بكلمته
5 واحيى الملايكة بروحه ❧ فالمسيح كلمة الله وروحه: كما انتم
تشهدون ❧ فلم تعيبوا علينا حين نومن بالمسيح اله من الله:
خلق السماوات والارض ❧ وبه احيى الملايكة والناس اجمعين ❧ f. 121 b
وتنبا ايوب الصديق ايضا بروح القدس وقال: روح الرب الذى Job XXXIII. 4 sic
خلقنى: وباسمه ملك كل شى ❧ هى التى تعلمنى الفهم ❧ فقد
10 بين انبيا الله واصفياه ❧ ان الله وكلمته وروحه اقام كل شى ❧
واحيى كل شى ❧ وليس ينبغى لاحد يعلم ما انزل الله على
انبيايه ❧ ان يستنكف ليعبد الله وكلمته وروحه: اله واحد. واوحى
الى نبيه دانيل الذى حكمه الله وفهمه وبين له علم الزمان:
واوحى اليه مع جبريل راس الملايكة ❧ وقال له فى المسيح
15 كلمة الله ونوره ❧ بعد ما صام اثنين وعشرين يوما ¹وتدعى الى Dan IX 24
الله قال له سبعين ²سبوع ينقطعن على امتك وعلى المدينة .
وعلى البيت بيت المقدس . ليختم على الخطايا وينقض الافك
ويمحق الظلم . ويغفر الذنوب: ويانى بالبر الى الدهر ❧ ويختم
على الوحى والنبوة ويمسح قدوس المقدس ❧ ويعلم ويفهم من
20 مخرج قول ³الحوادث وبنيان اورشلم الى المسيح الوالى سبعين ☉
وذلك قبل اربع مية سنة ❧ فمتى ⁴انقطت الخطية وختم على
ويمحق الظلم: وغفر الذنوب الا حين المسيح بالبر f. 122 a
الدايم الى الدهر ❧ وتصديق ذلك: انه ختم على كل

¹ Cod. وتدع ² Cod. سابوع
³ Cod الحواث ⁴ Cod انقطت

وحى ونبوة كانت فى بنى اسرايل من ايام . قدوس
المقدس · .. ... ونبوتهم ✤ .. ذلك قال المسيح ... .
شافهم . . قدوس المقدسة ✤ ...... فلو لم يكن المسيح .... المسيح
قدوس من ... يبطل الملك والنبوة .. ... بنى اسرايل · حين
عصوه ولم يتبعوا قوله واعطاه امة اخرى ✤ كما قال وقوله
الصادق : ولا نجد انه اسم احد من [1]ملوك بنى اسرايل : ولا من
الانبيا قدوس المقدس ✤ وقد كان داود ملكا وغيره : من بنى
اسرايل قد كانوا انبيا : وملوك · فلم يسمى منهم احد قدوس
المقدس : الا المسيح الذى ملك الامم بالهدى والطاعة . وقدسهم
بروح القدس . فطوبى لمن لم يشك بالمسيح ✤ واخلص ايمانه f. 122 b
وكذلك قال المسيح فى الانجيل ✤ طوبى لمن لم يشك بى ✤ Matt. XI. 6
وقال ايضا انا النور والحياة والقيامة : من يومن بى فقد عبر من John XI 25, 26, V. 24
الموت الى الحياة الدايمة ⊙ وتنبا اشعيا ايضا بروح القدس : قال
داوا ايدى مخلعة وركب مكنعة تعزوا يا ضعفا الانفس والعقول : Is. XXXV. 3
تشددوا ولا تخشوا : هذا الاهكم بالحكم يجازى هو ياتى وينجيكم :
حينيذ يتفتحن عيون العمى : واذان الصم تسمع يحضر كالايل
المخلع : ويفصح الالسنة الخرس : فمتى اشتدت ايدى مخلعة وركب
مكنعة حتى اتانا الاهنا كما قال النبى : فنجانا من الهلاك : وشفى
كل سقم ومرض فى الناس : ومتى ابصرت عيون العمى : واذان
الصم سمعت وارجل المخلعة حضرت كالايل والسنة الخرس
فصحت الا حين اطلعنا المسيح كلمة الله ونوره · فكان للناس رحمة
ونجاة : وعمل كل اية فى بنى اسرايل وغيرهم : وتجازى الناس f. 123 a
بالحكم والبر ✤ جزا من امن به حياة دايمة وملكوت السما : وجزا
من كفر به ولم يومن به هوان وعذاب [2]اليم : فانظر كيف وافق

[1] Cod الملوك   [2] Cod. الليم

الله الواحد ۹۷

بقوة ⁱالتى باعمال المسيح واياته التى كتب فى الانجيل ⊙ مر
المسيح يوما على مقعد وهو على سريره منذ ثمان وثلثين سنة :
لم يتقلب الا ما ²حركه اخرين على سريره: فرحمه المسيح وقال
له اتريد ان تبرا · قال له المقعد نعم اى رب فانى ضايع John v. 7
ليس لى احد : قال له المسيح : قم فاحمل سريرك وانقلب الى
بيتك ✣ فقام المقعد بامر المسيح فحمل سريره وانقلب الى بيته :
ثم دخل المسيح الى بيت واجتمع عليه احبار اليهود وبنى اسرايل
حتى امتلى البيت فلم يكن يستطيع احد يدخل البيت من كثرة
الناس فحمل اليه مخلع اخر على سريره . وارادوا ان يدخلون على f. 123b
المسيح : فلم يستطيعوا من كثرة الناس : فحمل فاصعدوا به على
ظهر البيت : ثم كشفوا السقف وانزلوه على سريره حتى وضع بين
يدى المسيح : وحوله احبار اليهود والناس ✣ فقال له المسيح : Mark II. 5 / Luke V. 20
غفرت لك خطاياك : فقالت الاحبار والذين حوله : من يستطيع ان
يغفر الخطايا الا الله وحده : قال لهم المسيح : يا معشر الاحبار
ايهم ايسر ان اقول : غفر لك خطاياك او اقول : ايه المقعد قم
احمل سريرك واذهب الى بيتك : فقام المقعد بين يديهم: فحمل
سريره وانطلق الى اهله كما امره المسيح : فلم يستطيع احد
منهم ان يجاوبه بكلمة: وبين لهم المسيح من الاية التى صنع
بالمقعد : ان له سلطان يغفر الذنوب ✣ وليس يغفر الذنوب الا
الله : وانما كانت اعمال المسيح كلها بسلطان وقدرة ✣ ثم مر
المسيح ايضا ومعه الحواريون ״ وعامة بنى اسرايل : فاذا على f. 124a
الطريق رجل سايل ولد اعمى فسال الحواريون للمسيح : اى رب
من اخطا هذا ام والديه لانه ولد اعمى ✣ فقال المسيح لهم : John IX. 2
لم يخطى هذا ولا يخطى والديه ولاكن لتستبين اعمال الله به .

¹ Cod. التين   ² Cod. حركم

فى تثليث

فدعاه المسيح فبزق على الارض وصنع طينا فلطخ به عينى
الاعمى . وقال اذهب الى عين الشيلوع : فاغتسل فيها فايتك ساتبصر:
فانطلق الاعمى فاغتسل فى عين ¹الشيلوع : فرجع يبصر : فقالت
اليهود انا لم نسمع منذ الدهر باعمى ابصر قبل هذا: فامنوا به
عامة بنى اسرايل . ثم لقى مصاب اصم: اخرس: فوضع اصبعه على   Mark VII. 5
اذنه : وبزق على لسانه . وزجر ذلك الشيطان : فخرج منه وبرى بامر   32, 33 sic
المسيح : وسمع باذنيه : وتكلم بلسانه : ثم لقى المسيح ايضا ابرص
فقال له الابرص: رب ان شيت فانك تستطيع ان تطهرنى من   Mark I. 40
برصى ❦ فقال المسيح قد شيت ²فتطهر فى مكانه كما قال   f. 124 b
المسيح ❦ فمن من الناس من انبيا الله واصفياه قدر على ما   10
قدر عليه المسيح : يعمل الايات ويشفى كل سقم ومرض بقدرة
وبسلطان ويخلق ما يشا ويغفر الذنوب : فهذا كله من اعمال
الله : لا يستطيع احد من الناس امر مثل هذا ❦ ولعمرى ما
نجد احد من الناس من انبيا الله او غيرهم عملوا الايات
بسلطان ❦ الا بالدعا وقدره بالتضع والمسلة : فمنهم من كان   15
يستجاب له : ومنهم من كان لا يستجاب له فى كل حين ☉ ثم
دخل المسيح ايضا فى كنيسة اليهود يوم السبت : فاجتمع اليه
بنى اسرايل فجعل ³يقضى عليهم ويعظهم ❦ فاذا هو برجل فى
الكنيسة يابسة يده ❦ فقال لهم المسيح ماذا ينبغى ان يعمل   Luke VI. 9
يوم السبت خير يعمل ام شر ❦ نفس تحيا ام تهلك : قالوا بل   sic
نعمل خيرا فى السبت وتحيا نفس : قال لهم المسيح صدقتم ❦   f. 125 a 20
ثم قال للذى يابسة يده : لك اقول ابسط يدك فبسطها : فاذا هى
مثل يده الاخرى : فعجب من راه من بنى اسرايل ❦ وعلموا
انه لا يستطيع احد من الناس ان يعمل عمل المسيح فامن به

¹ Cod. السيلوع   ² Cod. فاتطهر   ³ Cod. يقض

كثير من الناس ✤ وكذلك يريد الله ايمان الناس ✤ لا يريد ان يومن به احدا كرها : فانه لا اجر فى الكره ✤ ولاكن يريد الله ان يومن به الناس طايعين فيكون اجرهم على الله بحق ✤ فاحمد الله الذى اتانا قول انبيايه توفيق : باعمال المسيح واياته ✤ وبين للناس انه الاه من الله : وهو الذى نجانا وخلصنا من الضلالة والهلاك : وشفا كل سقم ومرض ✤ وهدانا الى نوره f. 125 b وكرامته ✤ وتنبا يعقوب وهو اسرايل حين دنى وفاته : دعا بنيه فتنبا عليهم وقال فى روبيل بكره بما اوحى الله اليه . وفى Gen. XLIX. 9, 10 *sic* سمعان وفى لاوى ✤ ثم دعا يهودا : وهو ابنه الرابع : فتنبا وقال شبل الاسد يهودا : لا ينقض من مجدك نبيا ولا وليا : ولا ريسا حتى ياتى الذى يرتجى له ✤ وهو رجا الامم ✤ فقد نرى انه قد انتقص من بنى اسرايل كل نبى : وملك : من حين جا المسيح رجا الامم. ومن سبط يهودا كانت الانبيا وملوك اسرايل ✤ وملك الله الامم لانهم كانوا ذخيرة المسيح [1]وفروا بنى اسرايل فى مشارق الارض ومغاربها : والهب النار فى مسجدهم ومدينتهم بما Ps. II. 2 [2]اختاروا على الله وعلى مسيحه كما تنبا داود وقال ✤ اجتمعت f. 126 a ملوك الارض وذوى سلطانها „ واتمروا جميعا على الرب وعلى مسيحه „ الساكن فى السما يضحك والرب يستهزى بهم „ هنالك يتكلم عليهم برجزه وبغضبه يرجفهم „ فقد فعل الله ذلك بهم „ Jer. I. 5 بمعصيتهم المسيح „ وتنبا ارميا النبى الذى شهد الله عليه وقال قبل ان اراك علمتك وقبل ان تخرج من بطن امك قدستك „ Baruch III. 35, 36 تنبا بروح القدس وقال هذا الاهنا لا نعبد اله غيره „ علم كل سبل العلم واعطاها يعقوب عبده واسرايل صفيه „ بعد هذا على الارض ارى والناس خالط „ ولا نعلم ان الله ارى على الارض „

[1] Cod وفرو   [2] Cod. اختروا

f 126b او خالط الناس الا حين اطلعنا بالمسيح ، كلمته وروحه ، فاحتجب
بالجسد الذى ليس منا ، فراه الناس وخالطهم ، وكان اله وانسان
من غير خطية ، وهو الذى علم سبل الخير والعلم والحكم ، واعلمها
ونبتها لمن اتبع وصيته وقوله ، وكان المسيح كلامه كلام نور
وحياة ، كما قال له الحواريون ان كلامك كلام نور الى من
يذهب ويدعك ، فنسل الله برحمته ان يجعلنا ممن يتبع وصايا
المسيح ونومن به كما تنبا عليه الانبيا وبشروا به ، وقالوا انه
يطلعكم الاهكم وياتيكم بالخلاص وهدى ورحمة وهو ربكم ارحم
Bel and the Dragon 34 الراحمين ، وقال الله على لسان حبقوق النبى ، وهو الذى لقيه
f. 127a الملاك ، ومعه غدا يذهب الى حصادى له ، فقال له الملاك اذهب
بغداك هذا الى دنيل النبى فى ارض بابل ، فقال له حبقوق ،
الطريق وبابل منى بعيدة ، فاخذ الملاك بناصيته من ساعته حتى
وضعه من ساعته عند الجب الذى فارس القوا دانيل فيه بين
37 الاسد ، فقال حبقوق النبى لدانيل قم [1] تغد من الغدا الذى
39 ارسل به اليك الله ، فتغديا جميعا ثم رد الملاك حبقوق الى ارضه
Hab. III. 3 وهى [2] فلسطين ، تنبا بروح القدس وقال الله من تيمنا ياتى
والقدس من جبل اشعر يتظلل ، فهذه النبوة البينة الشافية حين
بين الله على السنة انبياه ، من اى مكان ياتى المسيح ، وممن
يولد ، اذ اطلع للناس كلمته ونوره ، فان تيمنا هى بيت الحيم ،
f. 127b وهى على يمين بيت المقدس : والجبل المظلل الاشعر هى مريم
المقدسة ، التى ظللها الله روح القدس ، وحل بها قوة الله ، كما
قال جبريل راس الملايكة ، حين قالت له مريم اين يكون لى
غلام ولم يمسنى بشر ، قال لها جبريل روح الله عليك ينزل
وقوة الله بك يحل ، فقد وافق الله قول نبيه وملاكه جبريل

[1] Cod. تغدا [2] Cod. فسلطين

حين يقولون فى المسيح هذا القول وقولهم الصادق ، وبينوا للناس
من اى مكان ياتى وممن يولد ، وانه اله ياتى لخلاص خلقه
وهداهم ، والحمد لله الذى خلقنا نقبل ونومن بقول ملايكته
وانبياه فى المسيح ، فكذلك بين الله لدانيل النبى مع جبريل راس Dan. II. 34
الملايكة ، حين [1]راى حجر ينقطع من جبل بغير يدان وضرب
على رجل الصنم فكسر الفخار والحديد والنحاس والفضة ، والذهب f. 128a 35
فصار مثل غبار حين ابذر فى حصاد وهبت به شدة الريح ، فلم
يرى لهم اثرا ، والحجر الذى ضرب الصنم كان جبل عظيم وملا
الارض كلها ، فقد بين جبريل الملاك لدانيل ، ان الصنم الذى
راسه من ذهب وصدره ويديه وبطنه وفخذيه من نحاس وساقيه
وقدميه من حديد وفخار ، فهم ملوك الدنيا [2]الذين يملكون فى
هذه الدنيا ، واما الحجر الذى قطع من جبل بغير يدان فانه 44
كلمة الله وسلطانه ، الذى يدوخ ملوك الدنيا ويملك الى الدهر
والابد وتملا سلطانه الارض كلها ، وتملك الامم بطاعة وهدى ،
واما الجبل هى مريم التى ولد منها المسيح من غير يقربها بشر ، f 128 b
ودوخ سلطان ابليس وضلالته ، وهدى الناس الى البر والتقوى ،
ومعرفة حق الله ، وتنبا ذكريا النبى بروح القدس وقال ، افرحى
جدا بنت صهيون ، ونادى بنت اورشلم ، هذا ملكك ياتيك راكب Zech. IX. 9
على اتان وعفوها ، ودخل المسيح حين دخل بيت المقدس ، قاعد
على اتان يوم [3]الشباشت ، وتلقوه بنى اسرايل بشجر الزيتون وقلب
النخل مع نسايهم وبنيهم فسبحوا له الاطفال والمراضع ، وقالوا
الشعنان لابن داود مبارك الذى جا ملكا لاسرايل ، فقال احبار Matt. XXI. 6 *sic*
اليهود للمسيح لا تسمع ما يقولون هاولى لا يكبر عليك قولهم ،

[1] Cod. را, *passim* [2] Cod. الذى [3] Cod. السباست

حين يسبحون لك كما يسبح لله „ قال لهم المسيح الم تقرون f. 129a
فى زبور داود النبى „ انه قال بروح القدس „ من افواه الاطفال Ps. VIII. 2
والمراضيع قدرت سبحك „ وذلك فى مزمور الثامن „ تنبا داود النبى
وقال الرب ربنا ما احمد اسمك فى كل الارض „ انك خلقت v. 1
حمدك على السما من افواه الشبان والصبيان „ استكملت تسبحتك „
فماذا ابين من هذه النبوة على المسيح „ انه اله من الله „
وانسان كامل „ حين دخل بيت المقدس راكب على اتان كما
تنبا عليه داود النبى وسبح له الاطفال „ والمراضيع „ الذين لا
يتكلمون „ ولا يعقلون „ ففتح الله افواههم فسبحوا للمسيح كما
تنبا عليه داود وقال انه مبارك وهو ملك اسرايل وكذبوا اليهود f. 129b
الذين كانوا يخالفون طاعة المسيح وقوله : ولا يومنون بما تنبا
داود النبى على المسيح وقال انه رب وان حمده صعد فوق
السما وتستكمل له التسبحة من افواه الاطفال والمرضعين ولعمرى
ان وهب عبرة الايمان لمن اتقا وقبل الحق وحين تسمعون من
كتاب الله ان الاطفال والمرضعين كانوا يسبحون المسيح ومن
كان يستطيع ان يجعل المرضعين يسبحون الا الله الذى خلقهم
ووهب لهم الكلم من غير . . . . ونوره „ وينزلونه من f 130a
الله بمنزلته „ فان كلمة الله من الله „ والله ابو كلمته „ فسبحان
الله ما اكثر نبوة الانبيا على المسيح وابين قولهم فيه انه اله من
الله „ ونوره „ فانه اطلع للناس رحمة ورافة „ وكان انسان من غير
خطية ولم يرى فى الدنيا انسان من ادم الى يومنا هذا نبيا ولا
غيره من غير خطية الا المسيح خلاصنا „ الذى هدانا ونجانا من
الخطايا „ وجعل لنا مغفرة الذنوب بايماننا به „ فقد بين الله على
السنة انبيايه بروح القدس „ الذى كان يوحى اليهم امر المسيح „

وبين من اين ياتى وممن يولد اذ اطلعنا وايات التى يعمل ، f. 130b وعرف بهن انه المسيح وانه اله من الله كما بشروا به الانبيا ، وقالوا انه يغفر الذنوب ويخلق بامره ما يشا ، ويعلم سراير الخفيات ، ويطلع على الغايب ، وينبيهم بما كانوا يذكرون ويمشى على البحر كالبر مثل اله واشبع من جوع ويشفى كل سقم ودا بسلطان وقدرة ، فهذا كله قد قالته الانبيا على المسيح انه صنع هذه الايات للناس ، فبهذا صدقنا المسيح وامنا به واتبعناه ، وعلمنا انه لا يعمل عمل المسيح الا الله ، فالحمد لله الذى اعاننا على ذلك وجعلنا من اوليا المسيح ، وخلصنا من الضلالة وعبادة الشيطان الى نوره ورحمته وفضله العظيم ، الذى فضل علينا ، فهذا بعض ما f. 131a تنبا انبيا الله على المسيح كلمة الله ونوره ، اذ اطلع للناس برحمته وخلصهم ونجاهم من ضلالة ابليس ، الى النور والهدى ، فهذا بعض نبوتهم ، واما كل شى تنبت به الانبيا على المسيح ، فهو اكثر من ان يتكلم به احد من الناس ، او يدركه ، ولاكن احببنا ان نقصد فى ذلك ، فان القصد فى كل شى احسن شى واجمله ، ولو اردنا ان تستخرج من قول الانبيا على مولود المسيح قدرنا باذن الله على ما شينا من ذلك ، فهذه حجتنا عند الله يوم القيامة على روس الملايكة والانبيا الاولين والاخرين ، انا امنا بك وبكلمتك وروحك القدس اله واحد ورب واحد كما انزلت f. 131b وبينت للناس ، فى كتبك فنجنا من عذاب الجحيم وادخلنا برحمتك مع ملايكتك واصفياك ، وانبياك اللهم ، وهذا قول انبيا الله على صبغة المسيح فى المعمودية التى امر الله بها وجعل لنا فيها مغفرة الذنوب ، وبين امرها على السنة انبياه ، والمسيح حصنا عليها ، John III. 5 وامرنا بها ، وقال امين امين اقول لكم انه لا يدخل ملكوت السما الا من ولد من ما وروح فقد ذكرنا نبوة داود النبى

الملك فى اول كتابنا هذا على صبغة المسيح „ حين تنبا وقال „
صوت الرب على الما الله المحمود „ ارعد : الله على الما الكثير „ Ps. XXIX. 3
وذلك حين اعمد المسيح وشهد الاب من السما وقال „ هذا
ابنى الحبيب الذى به سررت اياه فاطيعوا „ وروح القدس نزل من f. 132 a Matt XVII. 5 *sic*
السما وحل على المسيح فيوميذ بين الله لبنى اسرايل ان الله
وكلمته وروحه اله واحد „ فى السما والارض „ وفى كل مكان „
فهذا بيان ما تكلم به انبيا الله فى قديم الدهر „ وانه من لا
يومن بالله وكلمته وروحه اله واحد „ لم يخلص الايمان بالله „
فلم يقبل قول انبيا الله „ حين يقولون فى كل امر نزل عليهم
ان قوة الله وحكمة الله كلمته وان حياة كل شى روح القدس „
ويحنى بن زكريا النبى بن النبى „ بالذى شهد عليه المسيح
وقال لبنى اسرايل „ امين امين اقول لكم انه ليس هو مما ولدت Luke VII. 28 *sic*
النسا اعظم من يحنى بن زكريا المعمدان „ وذلك لانه عمد f. 132 b
المسيح وسمع صوت الاب من السما „ يشهد ويقول هذا ابنى
الحبيب الذى به سررت „ وراى روح القدس نزل من السما وحل
على المسيح „ وقال المسيح ان الصغير فى ملكوت السما اعظم
منه „ وذلك لان اصغر من فى ملكوت السما اعظم من عظيم
اهل الارض „ لكيما يعلم الناس ان حقير اهل السما اعظم من
عظيم اهل الارض „ فيرغب الناس فى ملكوت السما „ ويزهدون فى
الارض وما فيها „ وفى القران مكتوب ذكر يحنى بن زكريا „ قال
هنالك دعا زكريا ربه „ قال رب هب لى من لديك ذرية طيبة „ f. 133 a Coran S. III 33
انك تسمع الدعا „ فناداه الملايكة وهو قايم يصلى فى المحراب
ان الله يبشرك بيحنى مصدقا [1] كلمة من الله „ وسيدا „ وحصورا
ونبيا من الصالحين „ هو شهد وقال فى المسيح حين ارسل اليه

[1] Coran بكلمة

من البرية يعمد بنى اسرايل ، ويبشرهم بالمسيح ، وجا احبار اليهود
وبنى اسرايل من كل مكان ، فلما راوه بنى اسرايل قالوا له ،
انت المسيح الذى نرجوه ، قال لهم لست المسيح ، قالوا فانت النبى
Deut. XVIII. 15 الذى قال الله لموسى فى طور سينا بانه يقيم لكم نبى مثلى
John I. 21 *sic* فاطيعوه ، قال لهم يحنى لست النبى ، فقالوا له فمن انت ، قال انا
f. 133 b صوت [1]النادى فى القفر يسروا طريق الرب وسهلوا سبيله ، كما قال
Malachi III. 1 الله على لسان اشعيا النبى فى المسيح ، وفى يحنى بن زكريا ،
انى ارسل بين يديك ملاكى ويعد سبلك ، فانا جيت بين يدى
John I 26 *sic* المسيح لكيما اعد سبله وابشر به الناس ، وانا اعمدكم بما معمودية
برية وبينكم قايم من لا تراوه ، الذى ياتى على اثرى من لست
Matt. III 11 له اهل ان اخلع قبال نعليه ، هو يعمدكم بروح القدس ونار ،
John I. 29 *sic* فلما كان من غد اذ هو بالمسيح ، فقال هذا حمل الله الذى ينزع
خطايا العالم ، هذا الذى قلت لكم انه ياتى على اثرى وهو بين
f. 134 a يدى ، لانه كان من قبلى ، وانا لم [2]اكن اعرفه ، ولاكن الذى
ارسلنى ان اعمد هو قال لى من ترى ينزل عليه الروح ، ويحل
عليه هو المسيح بن الله ، الذى يعمد بروح القدس ، وينزع خطايا
الناس ويطهرهم من ذنوبهم ، فقد شهد يحنى بن زكريا انه كان
من قبله اله من الله وانه يمحق خطايا الناس ويطهر قلوبهم ،
ويعمد من يومن به بروح القدس ، ونار ، وذلك لان المسيح
يطهر الانفس ، [3]ويزكيها ، وينيرها بروح القدس ، ويحرق الخطايا
ويميتها بباب المغفرة ، مثل ما تحرق النار الشوك ، وتفنيه فلا يرى
له اثر ، فان الخطايا والذنوب شبه الشوك ، وقال المسيح فى
John III. 5 f. 134 b الانجيل امين امين اقول لكم انه من لا يولد من ما وروح لا
يدخل ملكوت السما ، واما من يولد من ما وروح فهو الذى

[1] Cod انادى [2] Cod. اكون [3] Cod. ويذكيها

١٠٦ في تثليث

يعمد باسم الاب والابن وروح القدس ، اله واحد ورب واحد ، ولا
يورعنك اذا سمعت الاب والابن وروح القدس ، وانما الاب هو
الله ، والابن هو الكلمة التى من الله وروح القدس فهو روح الله ،
الذى به قدس كل شى ، كما يطهر الما دنس الجسد كذلك
يطهر روح القدس دنس الانفس والارواح [1]ويزكيها من الخطايا
والذنوب ، حتى يكون الذى يعمد بالايمان اطهر منه حين يولد
من بطن امه ليس ⌜له⌝ خطية ولا اثم ، لذلك قال يحنى بن
زكريا ، ان المسيح يعمدكم بنار وروح ، ولذلك قال المسيح من f. 135 a
لا يولد من ما وروح لا يدخل ملكوت السما ، جعل الله مولود
الثانى مغفرة الذنوب ، وتنبا داود ايضا بروح القدس عن صبغة
المسيح وهلكه ابليس وجنوده ، قال انت كسرت روس [2]التنانين Ps. LXXIV 13, 14
على الما ، وانت حطمت راس التنين وهو ابليس وجنوده حين
اهلكهم المسيح بصبغة المعمودية ، وكسر ..... من الناس ، الذى
قهر ...... بضلالته وافتنهم ... حاته ، وفتح المسيح للناس باب
التوبة ومغفرة الذنوب ، كما قال فى الانجيل للحواريون ، اخرجوا Mark XVI. 15, 16 *sic*
فى الدنيا كلها ، ونادوا ملكوت السما فى الامم ، وتوبة على f 135 b
اسمى واعمدوهم باسم الاب والابن وروح القدس ، فمن امن
واعمد فقد خلص ونجا ، وغفر له ، ومن كفر لم يعمد فقد حق
عليه الهوان والندامة ، فالحمد لله الذى نجانا من التنين
وضلالته ، وخلصنا من خطايانا وذنوبنا ، بصبغة المعمودية وايماننا
بالمسيح ، كلمة الله ونوره ، وقال الله على لسان [3]حزقيل النبى ،
وهو احد روس الانبيا ، الذى تنبا لبنى اسرايل فى ارض بابل ،
قال انا انضح عليكم ما طاهر فتطهروا من عبادة الاصنام ومن Ezek. XXXVI. 25 *sic*
خطاياكم ، ولا نعلم ما نضح الله به الناس وطهرهم من خطاياهم

[1] Cod ويذكيها [2] Cod. التنانى [3] Cod. حزقيا

f 136a ومن عبادة الاصنام ، الا صبغة المعمودية ، التى بها طهر من امن بالمسيح واعمد واطاع انبيا الله ، ولم يخلص الناس قط من عبادة الاصنام الا حين اطلعنا نور الله المسيح وقبلنا بالمعمودية ، وقال
Is. I. 16 *sic* الله على لسان اشعيا النبى ، استحموا وكونوا طهرا ، وخطاياكم انزعوها من بين يدى الرب ، فاى حميم او اغتسال ينزع خطايا الناس من بين يدى الرب الا اعتراف الخطايا والتوبة لله وصبغة المعمودية ، باسم المسيح . . . . . .